温儒敏／主

U0464036

诗与和平

泰戈尔 传

崔春 著

长春出版社

全国百佳图书出版单位

图书在版编目（CIP）数据

诗与和平：泰戈尔传 / 崔春著. —长春：长春出版社，2017.7（2020.1重印）

（常春藤传记馆 / 温儒敏主编）

ISBN 978-7-5445-4944-8

Ⅰ.①诗… Ⅱ.①崔… Ⅲ.①泰戈尔（Tagore, Rabindranath 1861-1941）-传记 Ⅳ.①K833.515.6

中国版本图书馆 CIP 数据核字（2017）第175559号

诗与和平:泰戈尔传

著　　者	崔　春
责任编辑	闫　言
封面设计	楠竹文化

出版发行	长春出版社
总编室	0431-88563443
市场营销	0431-88561180
网络营销	0431-88587345
地　　址	吉林省长春市长春大街309号
邮　　编	130041
网　　址	www.cccbs.net

制　　版	佳印图文
印　　刷	吉林省信诚印刷有限公司

开　　本	787毫米×1092毫米　1/32
字　　数	125千字
印　　张	7.875
版　　次	2017年7月第1版
印　　次	2020年1月第2次印刷
定　　价	19.80元

总　序

温儒敏

十多年前，我主持人民教育出版社高中语文教材的编写，其中选修课就专门设置有《中外传记选读》一种，我自己还动手编写了这本教材。因为受高考"指挥棒"影响，一般学校的选修课未必真能让学生自主选修，很多选修教材编出来都没有使用，但《中外传记选读》一直很受欢迎，每年都有重印。这让我对传记的阅读推广有了特别的关注。

我还注意到最近三四年高考语文试题命制的一种趋向，无论全国卷还是其他省市卷，阅读题往往都选传记作为材料。比如2016年全国卷的甲、乙、丙三个卷子，文言文阅读的材料全是传记，包括《明史·陈登云传》（甲卷）、《宋史·曾公亮传》（乙卷）和《明史·傅珪传》（丙卷）；现代文阅读的实用类文本也多用传记，节选了《吴文俊传》和《陈忠实传》。可见传记阅读越来越受到重视，考试也有意往这方面引导。

中小学语文教材也应当多选一些传记。现在

教育部正组织编写一套新的义务教育语文教科书，聘我担任总主编，这套新教材就选了不少名人传记，并鼓励学生多读传记。

为什么中小学生要多读传记？我曾在《中外传记选读》的前言中说过理由，这里不妨转述一下：

> 同学们都渴望能拥有健全、快乐和成功的人生，现在的学习阶段就在做准备，而且其本身就已经是你人生经历的一部分。我们该怎样设计自己的人生？当然最重要的还是学习。除了学习文化知识，还要从历史人物或者成功的人物身上学习宝贵的生活道理、人生哲学以及获取成功的途径。这就是励志教育，是人生教育中非常重要的部分。人都需要不断添加生活的动力，特别是在年轻的时候，要有偶像和楷模，有高远目标的激励。如同英国思想家培根所说过的："用伟人的事迹激励我们，远胜一切的教育。"让同学们从那些杰出的成功的人物身上吸取人生的经验，从前人多种人生道路的选择中寻找我们各自的"契合点"，这就是我们设立这门课的主要目的。

这里说的"设立这门课的主要目的"，其实

也是我们推出这套"常春藤传记馆"丛书的目的。

"常春藤传记馆"丛书由北京大学语文教育研究所组织编写，长春出版社出版。丛书每本 10 万字左右，其选目、内容和写法都是为中小学生"量身定制"的。我们希望这套丛书能作为基本图书进入中小学图书馆。和其他同类传记图书相比，"常春藤传记馆"丛书有四个特色：

一是传主覆盖范围广。包括中外古今各个领域的名人，涉及政治、军事、科学、实业、社会活动、文学、艺术、革命等领域。重点考虑有代表性的、在精神层面可以给学生激励的那些名人。

二是和课程教学有呼应。中小学除了语文，各个学科的教材和教学都会涉及中外古今各个领域的著名人物，选择主题首先考虑这一情况，选取学生有所接触又可能希望进一步了解的那些名人。这可以满足学生不同的兴趣爱好。

三是专门为中小学生编写。本套传记不是专业性强的评传，而是重在勾勒传主生平事业贡献的小传，内容和文字力求深入浅出，生动形象，有趣有味。阅读对象接受水平可以定位在初中程度，也可以稍高一点。特别是有些理科方面的传记，主要面对高中生。其实，小学生的课外阅读也要取法乎上，他们可以读这套为中等文化水平的读者设计的书。

四是内容安排上特别注重励志及健全的人格心理引导培养，在叙说传主生平事迹时，适当地自然地凸显这些方面的思考。

丛书取名"常春藤传记馆"，有特别的含义。"常春藤"是一种多年生常绿藤类灌木。美国哈佛大学等几所著名的私立大学，组成体育联盟，叫"常春藤盟校"，其起名是因为这些老校的校舍墙上常攀缘有常春藤。本丛书以"常春藤传记馆"作为标识，是虚拟的意象，可以联想到著名的学府，也可以联想到古代的书院，从而营造浓郁的阅读氛围和宁静的心境。另外，"常春"和"长春"同音，暗含这套丛书是由长春出版社出版的。

但愿广大师生喜欢这套书，也期盼大家提出批评建议，共同来经营好这套书，让"常春藤传记馆"更好地满足广大读者，特别是中小学生课外阅读的需求，满足语文教学的需求。

2016 年 6 月 30 日济南历下

（温儒敏，山东大学一级教授，北京大学中文系教授，教育部聘义务教育语文教科书总主编）

目录

contents

第一章
童年，"只有风从旁叹息走过"

泰戈尔："尊贵的主人"

1861年5月7日，在印度加尔各答的乔拉桑戈，罗宾德拉纳特·泰戈尔诞生了。

罗宾德拉纳特·泰戈尔，就是后来获得诺贝尔文学奖的著名诗人，人们通常称呼他泰戈尔。

其实，泰戈尔是姓，罗宾德拉纳特才是名字。通常情况下，称呼一个人多直呼其名而不是姓，但人们对泰戈尔家族反其道而行之，实际上包含着对这个家族中的这位著名诗人的敬重。

这要从"泰戈尔"名字的来历说起。

泰戈尔的出生国是印度。在中国，一部《西游记》经典，一个无所不能的孙悟空，已经在人们的心目中把这个国度神秘化了。从历史来看，印度的确是亚洲比较有特色的国家。

种姓制度，是印度古代实行的社会制度，也是现今在印度社会仍然有影响的制度。种姓制度把居民分为四个等级：婆罗门、刹帝利、吠舍和首陀罗。四大种姓构成了印度社会的基础。为了社会运转的有序化，种姓制度是世袭的，等级分明，如果有人在不同种姓之间通婚，或者对于优等种姓缺乏敬重，后代就会被降为次等种姓，或者是本种姓中派生出的亚种姓。

大约在罗宾德拉纳特出生的 600 年前，泰戈尔这个家族第一代人属于第一等级的婆罗门种姓，但因为得罪了当地的一位高官，被降为婆罗门的亚种姓"比利利婆罗门"。此后，这个家族就成为婆罗门社会里比较低贱的人。

丧失了种姓的骄傲，也意味着社会种姓制度对这个家族的束缚减弱了。换句话说，因为失去了种姓的社会地位，也就可以无所顾忌地藐视这个森严的等级制度。于是，大约在泰戈尔出生的300 年前，这个家族中被称为"般伽纳"的一支，来到英国人统治的辖区戈温德普尔定居。

那时候，虽然戈温德普尔是加尔各答这座水运城市的一部分，但还是一个小渔村的规模，居民都是低等种姓。一直都是低等种姓的渔村，忽然来了一家最高种姓的人居住，种姓制度所体现的魅力立刻显现出来，般伽纳家族感受到了当地居民对他们的敬重。他们毕恭毕敬地称呼般伽纳为"般伽纳·泰戈尔"。在当地的语言中，"泰戈尔"的意思是"尊贵的主人"。般伽纳家族当然乐意接受这样重新找回荣耀的称呼。久而久之，"泰戈尔"就成为这个家族的姓氏了。再后来，随着这个家族在当地势力的扩大，作为昔日婆罗门的代表，泰戈尔这个姓氏也成为在加尔各答婆罗门种姓的一种标志性的称呼了。一直到今天，把婆罗门称作"泰戈尔"的习俗仍然被沿袭着。

当罗宾德拉纳特·泰戈尔成为世界著名诗人的时候，他的作品由冰心、郑振铎等人介绍到中国来。译者也许是为了照顾中国人的习惯，舍弃诗人原本的长名字罗宾德拉纳特；也许译者本人也没有搞清楚到底是"罗宾德拉纳特"还是"泰戈尔"是作者的名字，反正把作者统统称为"泰戈尔"。这样，中国近百年以来所翻译的罗宾德拉纳特·泰戈尔的作品，一直用"泰戈尔"这个名字，以至于中国读者基本上都不知道，"泰戈尔"只是一个姓氏而已——在下文的叙述中，我们遵从这一习惯，也称泰戈尔。

但是在印度，加尔各答乔拉桑戈的泰戈尔家族的宅第现在已经被改成一所国家纪念馆、一所博物馆和一所大学，这三处纪念地的命名却是罗宾德拉纳特·泰戈尔，用的是常规的名字和姓氏。换句话说，在印度，因为"泰戈尔"是高贵的婆罗门的一个姓氏，所以罗宾德拉纳特才能代表中国读者的泰戈尔。

当然，现今的加尔各答民众纪念泰戈尔，不仅仅是因为他的家族曾经是这里历史上"尊贵的主人"，也不仅仅是因为他曾经获得过诺贝尔奖，是世界著名的大诗人，还因为加尔各答这座城市的发展历史与泰戈尔家族有着密切的联系，这座城市能够从一个小渔村发展成为现在这般规模的水运城市，全赖于居住在乔拉桑戈的主人。

300年前，当般伽纳迁徙到这里成为"尊贵的主人"后，他利用自己的身份和地位，得到了给停泊在港口的外国商船提供食物的机会。因为印度是英国的殖民地，加尔各答又是英国进入印度的最初据点，所以，般伽纳打交道最多的是英国人。

殖民当然是带着血腥的，但也和文明相互交

融。般伽纳对英国文明有着一种天然的接纳能力，这也使得他与英国人的合作很顺利。在和英国人的合作过程中，般伽纳经营的产业也在逐步扩大，涉及蓝靛、糖、茶、煤和硝石矿，因此他组建了一支庞大的船队，来往于印度和英国之间。同时，他的家族也在逐渐兴旺，他成了当地的贵族。不但印度人尊称他的家族为"泰戈尔"，连英国人也操着带有印度风味的语言，称他为"塔古尔"（即泰戈尔）。

财富积累200多年后，到了泰戈尔的祖父德瓦尔伽纳塔时，泰戈尔家族的财富在当地已首屈一指。有财富不见得就会得到人们的尊重，但泰戈尔家族得到了前所未有的尊重，因为这个富有的家族一向乐善好施，不但散财帮助穷人，而且将大笔资金投入到加尔各答的公共事业中。加尔各答第一所国立图书馆，是德瓦尔伽纳塔捐助修建的。作为回报，人们在图书馆大门前醒目的位置树立了他的塑像。也是因为他的捐助，印度教徒学院成立，这是印度现代教育的第一个中心，同时也是现今闻名印度的加尔各答国立大学的前身。

所以，当你在加尔各答旅行的时候，当经过

某一街道的时候，当导游不经意地告诉你：你知
道吗？这是泰戈尔的爷爷出资建成的。请你一定
不要吃惊。

一所遗留至今的市政建筑，是有形的，然而，
德瓦尔伽纳塔对印度文化的贡献，却是无形的。

1784 年，德瓦尔伽纳塔加入了威廉·琼斯创
办的"孟加拉亚洲学会"，这个学会的主旨是
"为了研究亚洲社会和自然历史、艺术、考古及
文学"。作为该学会的第一位印度成员，德瓦尔
伽纳塔后来不但成为威廉·琼斯的助手，而且是
其从事的文化事业的重要投资人。在他的资助
下，"孟加拉亚洲学会"陆续成立了印度考古研
究、印度动物研究、印度植物研究和地质研究等
许多科学研究机构，成立了印度最早和最大的博
物馆——加尔各答印度博物馆。

在这个学会中，德瓦尔伽纳塔为了让西方世
界了解印度，将印度的名著翻译介绍给世界。在
他的推动下，印度古代著名诗人迦梨陀娑的戏剧
《沙恭达罗》和印度宗教原典《奥义书》等经典
著作，相继在西方出版发行。

除此之外，德瓦尔伽纳塔也是印度宗教改革
的推动者。但相比他在社会和文化上的贡献，他

的宗教改革的作用甚微。所以，他去世以后，他的儿子代温德拉纳特继承了他的遗志，在推动印度宗教改革方面不遗余力。

1839 年，代温德拉纳特宣布成立一个宗教协会——"通梵协会"，敬奉印度三大神之一的梵天，宣传《奥义书》里印度教的精神。

在此之前，印度启蒙运动的先驱拉贾·罗姆摩亨姆·罗易一直致力于印度的宗教改革，他在十多年前就成立了"梵社"，打破种姓限制，每一个阶层和阶级的人们不分贵贱高低，都有权利膜拜梵天。但是，罗易的做法并没有得到更多人的认可，因为印度毕竟是一个种姓制度森严的国家。

1843 年，代温德拉纳特将"通梵协会"并入"梵社"，并倾力资助这个协会，使得这个协会风生水起，印度宗教改革也随之蓬勃兴起。到 19 世纪中叶，"梵社"的分支机构已遍布印度各地，成为全印度影响最大的宗教和社会改革组织。

代温德拉纳特的社会地位由此而奠定。他获得了"大仙"的尊称后，也真的像"大仙"一样开始生活了。他常常在喜马拉雅山中隐居，甚至打算在山中度过余生。

但是，也许是俗缘未了，在山林的寂静中，代温德拉纳特感到有人在召唤他："抛弃自命清高的骄傲吧，像泉水一样，谦恭地流向田野。把你所体悟到的真理，传播四方吧。"他把这种呼唤看作是"梵天"赋予他的使命。

于是，代温德拉纳特回到了加尔各答，回到了尘世之中。他回家后的第二年，泰戈尔诞生了。

"他的想象与你的阴影嬉闹"

罗宾德拉纳特·泰戈尔出生时，代温德拉纳特已经 44 岁了。44 岁得子，代温德拉纳特并没有老来得子的喜悦，因为在泰戈尔出生之前，他已经是 13 个儿女的父亲了。

在这样一个大家庭里，泰戈尔的诞生并不会带来多大的意义。在代温德拉纳特夫妇眼里，泰戈尔只是一个像其他孩子一样的孩子而已。泰戈尔得到了"罗宾"的昵称，却没有得到家庭的溺爱。

晚年的泰戈尔回忆童年生活时说："对我们来说，没有一样东西是轻松得来的。许多微不足道的东西在我们看来都是稀罕物，而且我们大都生活在希望中，希望我们长到足够大时，能获得遥远的未来为我们所储存的东西。结果是，我们对得到的哪怕一丁点儿食物都会充分地享用，从皮到核都舍不得扔掉。"

小泰戈尔被忽视的原因，与他的父亲在那时的心境也有关系。

代温德拉纳特从 18 岁开始，致力于宗教改革。他成立宗教协会，尊奉印度教的大神梵天。他得到了印度社会各界的广泛支持和尊重，并被统治这个国家的英国人所接受。后来，人们称他为"大仙"。

在泰戈尔出生前后，恰值代温德拉纳特"大仙"徘徊于宗教教义与现实生活之间：是告别尘世隐居喜马拉雅山，还是依然成为现实生活中的一分子？因为犹豫不决，他在家的时候，就像隐士一样，只做一件事：坐禅默祷。小泰戈尔基本上不在他的视野范围之内。他外出的时候，都是几个月的旅行。泰戈尔童年记忆中印象最为深刻的是，每当父亲从喜马拉雅山漫游归来，他就会感受到父亲发自内心的快乐。毕竟聚少离多，每一次与父亲见面，都是意犹未尽的幸福。

而母亲对小泰戈尔的照料，也同样少得可怜。母亲是这个有上百口人居住的大家庭里的主妇，是这个家族生活运转的"总指挥"，根本腾不出时间来照顾孩子。所以，在泰戈尔的童年记忆中，如同父爱一样，母爱也是一种奢侈。

读泰戈尔的诗，尤其是《新月集》，很多人会觉得他的抒情是优美的，充斥着对女性的关怀和爱的渴望。人们认为，这种阴柔之美是泰戈尔在弥补童年时期母爱的缺失。

在这个大家庭中，仆人的照料虽然可以满足生活的需求，但无法满足孩子心灵的渴望。因此，独处成为泰戈尔童年生活的常态。独处时，他最喜欢的消遣方式就是凭栏远眺，看忙碌的大人，看花园和池塘中的美景，看在窗前翩翩的小鸟。

> 夏天的飞鸟，飞到我窗前歌唱，又飞去了。秋天的黄叶，它们没有什么可唱，只叹息一声，飞落在那里。

简简单单，只有两句话，却是泰戈尔非常著名的诗歌，即《飞鸟集》的开篇。

鸟儿在夏天欢唱，在秋日的黄叶中栖息，它是自由的。而泰戈尔呢，他幻想应该有鸟儿一样的童年，自由欢唱，自由栖息，他却被关在家里。泰戈尔以他清澈的灵魂和清新的诗句告诉读者，童年的孤独给他孕育了一颗多愁善感的心灵。

看完鸟儿，他的目光转向了花园水池边的高大榕树。在阳光的照射下，榕树的影子不断地变幻角度，林木婆娑，光影错落，给小泰戈尔一对想象的翅膀。多年后，泰戈尔依然记得那种幻想驰骋的感觉：

> 喂，你站在池边的蓬头的榕树，你可曾忘记了那小小的孩子，就像那在你的枝上筑巢又离开了你的鸟儿似的孩子？
>
> 你不记得他怎样坐在窗内，诧异地望着你深入地下的纠缠的树根么？

后来，泰戈尔又记起了这棵榕树：

> 数不尽的树枝低垂着，
> 喔，古老的榕树！
> 你像沉思中的大仙一般日日夜夜屹立着，
> 你可曾记得那个孩子，
> 他的想象与你的阴影嬉闹。

可是，在泰戈尔晚年写的回忆录中，对顾影

011

自怜的童年竟没有任何的抱怨，相反，他在回忆录中这样写道："尽管大人从照顾小孩之中感到无比欢愉，然而小孩的不幸也从那儿引出。"

泰戈尔所说的"不幸"是什么呢？

他在《飞鸟集》中所写的"鸟儿认为，把鱼儿带往空中飞翔，是在做善事"，或许是最好的回答：人们总以为按照自己的方式去爱对方，是值得称道的善意，却从没有想过过度的强加的爱也会令人窒息。而他"不幸"地没有父母强加在身的溺爱，实际上是幸运地保持了自己在幻想中奔驰的空间。他后来写道：

> 今天，当我回顾童年的那些日子时，我一次次回想起：我总觉得生活和世界充满着一种神秘。我感到，每一个地方都隐藏着这种神秘。每天，我心里产生的最大问题就是什么时候能够揭开这些秘密。我仿佛感到，大自然捏紧自己的拳头，微笑地问道："请猜猜，这里面有什么东西？"那些日子，我感到没有什么事是办不到的。

泰戈尔在习以为常的生活中，体验出快乐的能力，并能够在快乐中展开想象的翅膀，这是他后来成为诗人的重要财富。

一般说来，在一个有着 14 个孩子的家庭中，兄弟姐妹之间的传、帮、带比父母的作用更大一些。泰戈尔就是在围着哥哥姐姐们转来转去中慢慢长大的。他的几个哥哥姐姐的文化修养，直接成为他成长过程中吮吸的养料。他也尽早地接受了这个家庭所弥漫的艺术熏陶。

从祖父开始，泰戈尔家族传承着印度传统文化，又欣然接纳着以英国为代表的西方文化。在乔拉桑戈的庄园里，常常举行哲学和宗教讨论会，也常常举办一些诗歌朗诵会、戏剧演出和音乐会。当年印度以及来印度访问的英国的著名诗人、演员、音乐家和学者，常常成为乔拉桑戈庄园的座上客。

这些类似沙龙的集会，都是泰戈尔的哥哥姐姐们举办的。

泰戈尔的大哥德维琼德拉纳特，虽然没有像泰戈尔那样获得诺贝尔文学奖，但他作为诗人在印度是家喻户晓的，作品也被介绍到西方国家，而且他还是著名的学者、音乐家和哲学家。他在诗歌创作里的独特而勇敢的实验，带动了他最小的兄弟泰戈尔对诗歌的热爱，并在他的诗歌创作上烙下深刻的印记。

泰戈尔的二哥早年留学英国，是位著名的梵文学家，供职于英国在加尔各答的文职机构，操着一口流利的英语，既交际于印度的上流社会，又在英国的上流社会中占有一席之地。他对小泰戈尔的影响很大，印度研究泰戈尔的专家克里希那·克里巴拉尼认为他对小泰戈尔的影响是"深刻、细致和隽永的"[①]。

泰戈尔的三哥是海明德拉纳特，也是泰戈尔在《回忆录》中特别写到的一个人物。海明德拉纳特比泰戈尔大17岁，担负起给弟弟启蒙的任务。当时，在加尔各答上流社会的印度人，都以教授孩子英语为时尚，但海明德拉纳特反其道而行之，坚持摒弃英语，而用母语孟加拉语教学。

对此，泰戈尔心怀感激，他在回忆自己童年受教育的情况时，写到了这位哥哥对自己的影响："教育应该尽可能模仿吃饭活动。如果第一口就感到有味，那么肚子自己就开始工作，不等待别人来喂饱。因此，烹调物的味道加深了自己的影响。但是，用英语教孟加拉孩子，那么他的

---

　①〔印度〕克里希那·克里巴拉尼：《泰戈尔传》，倪培耕译，人民文学出版社2011年版，第20页。

喉咙因纷乱的语法和修辞而被梗塞，肠胃便得忍受饥饿。最后，感觉入味，饿火才平息下去……在四周盛行英语教育的那些日子，我三哥勇敢地教我在孟加拉语的道路上前进，我把自己的感激虔诚地奉献给升入天堂的哥哥。"

如果说三哥令泰戈尔日后的母语写作"暗结珠胎"的话，他的五哥蒂林德拉纳特则直接"催生"了泰戈尔的诗作。

蒂林德拉纳特比泰戈尔大 13 岁，是一位音乐家，也是一位戏剧家。他自己写诗，是当地小有名气的诗人；他当过新闻记者，是一个活动力很强的出版家；他自己创办了一份纯文学杂志《婆罗蒂》。当小泰戈尔开始尝试着写诗的时候，最早得到的就是这位哥哥的指点，也是这位哥哥，在《婆罗蒂》上发表了他的处女作。

人们常说，父母是孩子的第一任老师，而家庭的熏陶就是孩子日后拓展的空间。对于小泰戈尔来说，在这样充满着学术、艺术和友爱的家庭氛围中成长，他心里的诗歌也含苞待放。

"我已经和爸爸一样大了"

不过，在哥哥姐姐环绕中的泰戈尔，最大的

渴望依然是能够和父亲在一起。为此，他无数次地梦想，自己和父亲一样大，像父亲一样做事，这样就可以和父亲在一起了。这些梦想后来幻化成为《新月集》里那首著名的《小大人》：

　　我人很小，因为我是一个小孩，到了像我爸爸一样的年纪时，我就变大了。

　　我的老师会走过来说："时候不早了，去把你的石板和书拿来。"

　　我将告诉他："你难道不知道我已经和爸爸一样大了吗？我再也不做什么功课了。"

　　我的老师将惊讶地说："他喜欢不读书就不读书，因为他是大人了。"

　　我给自己穿好衣裳，走到人群拥挤的集市里去。

　　我的叔叔将会跑来说："你会迷路的，我的孩子，让我牵着你吧。"

　　我会回答："你没有看见吗？叔叔，我已经和爸爸一样大了。我得一个人去集市。"

　　叔叔会说："是的，他喜欢去哪儿就去哪儿，因为他是大人了。"

　　当我正拿钱给保姆时，妈妈将从沐浴处归来，因为我知道如何用钥匙去开钱箱。

妈妈会说："你在做什么，淘气的孩子?"

我会告诉她："妈妈，你难道不知道我已经和爸爸一样大了吗? 我得拿钱给保姆。"

妈妈将自言自语地说："他喜欢把钱给谁就给谁，因为他是大人了。"

在十月的假期里，爸爸将要回家，他以为我还是一个小孩子，从城里给我带了小鞋子和小绸衫。

我会说："爸爸，把这些东西给哥哥吧，因为我已经和你一样大了。"

爸爸会想一下，然后说："他喜欢给自己买衣裳就去买，因为他是大人了。"

想成为"和爸爸一样大了"的人，还在于他对父亲的行为充满了好奇。

在印度，自古以来最受人尊重的不是国王、皇帝、军事领袖，而是那些抛弃私欲和财产，在森林静修的圣贤们。

父亲代温德拉纳特正是这样的人物。他从事宗教改革，是当时被称为"大仙"的人物，也是泰戈尔眼中的"贤者"。然而，代温德拉纳特也与大部分致力于实现自己的诺言和相信自己的正义与忠诚的宗教改革家一样，不是一位称职的父亲，当然也不是一位称职的丈夫。

对于泰戈尔来说，一方面，他对父亲隐士一样的生活充满了好奇；但另一方面，抵触情绪也常常漫溢在其幼小的心灵：因为常常见不到父亲，他对父亲所致力的宗教改革甚至有逆反心理，认为正是宗教隔开了他与父亲的亲情。这使他在童年时一直刻意与宗教保持着距离。他说："不知什么缘故，我的心灵最初一直保持着自己的清高孤傲，绝对不受任何宗教的丝毫影响。由于我的气质特性，我仅仅因为自己周围的人们对某种宗教教义信以为真，就拒不接受任何教义。我无法想象，因为我可以信赖的每一个人都相信宗教的价值，我就也应当信奉宗教。"[1]

但是，泰戈尔也从不否认这样一个事实，即生活在一个宗教气息浓郁的家庭，从小耳濡目染，信奉传统宗教是自然而然的。

1872 年冬天，一直在外旅行的父亲代温德拉纳特回到了家中。他要主持泰戈尔和另外两个孩子的佩戴圣线的仪式。

---

①[印度]泰戈尔：《人的宗教》，刘建译，《泰戈尔全集》第20卷，河北教育出版社 2000 年版，第 296 页。

佩戴圣线是印度教社会的一种习俗，类似于成人礼。人门希望通过佩戴圣线这种方式维护并传播宗教的教义，使孩子们感受到宗教的神圣。但是，在等级森严的印度，并不是所有的人都有资格拥有这种宗教仪式，只有婆罗门、刹帝利和吠舍三个种姓的孩子才有资格。

代温德拉纳特亲自担当仪式主持人。三个孩子先被剃了光头，戴上金耳环。诵经后，代温德拉纳特将圣线佩戴在他们的手腕上。

接下来，三个孩子要被关在一间屋子里三天，诵经静坐，用心去感受教义的神圣，去感知生活和世界的秘密。这就是"灵修"。

但是，泰戈尔对于这种"灵修"有着自己的看法。他在中年后认为，那个年龄的孩子，哪怕是进入成年礼，他的思维也无法达到感悟世界的高度。但不管怎样，这次灵修的体验还是让泰戈尔感到震撼。他并不懂得按要求背诵的《伽哑特利咒语》的意思，但梵语富有乐感的韵律，开启了他对音乐感知的灵性，后来他创作的诗歌中常常带有韵律的节奏。他后来为自己的诗作谱曲，实际上就来源于这次灵修的感悟。

三天后，灵修结束，泰戈尔觉得已经成为

"小大人"了,"我已经和爸爸一样大了"。对于爸爸来说,也不再把这个希望和自己一样大的孩子当成孩子,他把一次旅行作为礼物,送给了12岁的泰戈尔。

这趟旅行的目的地是喜马拉雅山。

喜马拉雅山之旅

在泰戈尔心目中,喜马拉雅山是一个关于父亲的传说。父亲在这座山里清静修炼,是这座山长时间地隔断他与父亲之间爱的传递。他曾经无数次向往这座山,向往父亲带他一起去,把这个父亲的传说变成自己的。现在,父亲带他一起去了,他知道,"我已经和爸爸一样大了"。

以那时候的交通状况,去一趟喜马拉雅山实在是艰难之旅。所以,精心的准备是必要的。泰戈尔第一次得到了五套衣帽。这都是大人的服装,或许,在穿上的同时,那首《小大人》的灵感也就住在心里了。

汽笛声拉开了旅行的序幕。第一站的宿营地是距离加尔各答 100 英里的圣地尼克坦。这里是喜马拉雅山南麓的一个小村庄,景色优美。泰戈尔的父亲喜欢这里的幽静,数年前在这里建造了花园，并且取了"圣地尼克坦"这样一个吉祥的名字。

　　黄昏时分，火车开进了圣地尼克坦附近的浦尔普尔火车站，美丽的风景立时成为泰戈尔脑海中的一幅油画，一直到晚年都没有褪过色：

　　　　我们抵达浦尔普尔时，已是黄昏时分。我坐进轿子，眼就闭上了。我想把整个奇妙的景象保留下来，以便在晨光中把它揭开，摆在我清醒的眼前。我怕经过的新鲜色彩，会被在黄昏微明中所得的不完美的一瞥破坏。

　　第二天早晨，晨光揭开了美丽的幕布，圣地尼克坦的景色徐徐展开，泰戈尔沉醉了，他如同一只放飞的小鸟，第一次获得了自由呼吸的乐趣。

　　在圣地尼克坦的日子，是泰戈尔自己的日子。他可以自由自在地游玩，也可以任自己的思绪飞翔。不过，"大仙"对儿子的放纵是有限度的。白天，他帮助泰戈尔选读梵语、孟加拉语以及英语文学作品；入夜，他会指着满天的繁星给泰戈尔讲授天文知识。

"大仙"鼓励泰戈尔练习用梵文写作。处于优美景色之中，泰戈尔也有这样的写作冲动。他趴在一棵枣树下，以民间传说中的伟大的印度君王纳兰什·帕勒塔维的故事为蓝本，创作出一部诗歌剧本。这是未来的大诗人第一次尝试创作。不过，这个写在笔记本上的处女作，后来却遗失了。

　　为了让泰戈尔有"和爸爸一样大"的责任心，"大仙"把旅途中所用的装有金钱的匣子交给泰戈尔保管，让他学会用零钱，学会管理并记账，但泰戈尔做得并不好。有一次，他把钱匣子遗忘在旅馆里。不过，"大仙"对此很有耐心，继续让他保管。

　　离开圣地尼克坦后，他们乘火车来到印度西北部的阿姆利则。这是一座在当时来说比较繁华的城市，标志性建筑是一座金庙。在这里居住的一个月时间里，泰戈尔每天都要到金庙朝拜。

　　每天清晨，"大仙"带着泰戈尔到金庙去诵经或唱赞歌；夜晚，"大仙"要求泰戈尔唱颂神曲。伴随着泰戈尔的歌声，"大仙"开始打坐。儿子唱得认真，父亲膜拜虔诚，这一刻，父子俩的精神世界融会在一起了。

4月中旬，父子俩告别阿姆利则，开始进入喜马拉雅山地区。他们的目的地是德尔豪杰——喜马拉雅山东坡上的一个避暑别墅集中的市镇。

这一段路途，唯一的交通工具是轿子。每天早晨，父子俩坐上轿子，开始一天的旅行。在山区中的颠簸虽然很难受，但沿途的美丽景色常常让泰戈尔忘记了这种颠簸。他后来是这样描述的：

> 山路转入一个山峡，林深树密，树荫下流出涓涓的清泉，就像茅庵中的小女儿，在沉思的白发隐士脚边游戏着，从黝黑的覆满青苔的岩石上喃喃走过。

翩翩"小女儿"、耄耋"白发隐士"，"清泉石上流"的意境，一动一静，在泰戈尔脑海中构成一幅绝妙的山水画。

在德尔豪杰的日子里，"大仙"给泰戈尔制定了严格的时间表。清晨背诵梵文，做早晨祷告。早饭后，"大仙"开始诵读《奥义书》经文，泰戈尔膜拜倾听。然后开始林中散步。散步结束后，有一个小时的英文课。下午，泰戈尔陪"大仙"读书。晚间则继续听父亲讲解天文知识。

山林中的景色是优美的，泰戈尔多次在此徜徉。他后来用生动的笔调写道：

> 我拿着一根镶着铁头的棍子，独自走进山林里去。
>
> 这个庄严的森林的高影像许多巨人在矗立着——这许多世纪他们度过了多么美妙的生活啊！而在几天之前才来的孩子，居然能够无碍地游戏在它们的周围。
>
> 我走进森林的阴影里，就仿佛感到一个妖魔的存在，就像有一只太古的蜥蜴，发霉的树叶落在地上的斑状的光和影，就像它的鳞甲。

几个月后，"大仙"让仆人把泰戈尔带回家，自己则继续旅行。

几个月的旅程，让泰戈尔更多地了解了自己的父亲。曾经，父亲是众人眼中的"大仙"，可望而不可亲近；父亲是古板、刻薄的教徒，神秘得让人不可理解；父亲是仰望的坐标，只能顺着他的轨迹来证明自己的成长。

在与父亲同行同住的日子里，泰戈尔听父亲讲述他的经历，了解了父亲对印度宗教的贡献。

与父亲漫无边际的谈话，给他带来了一个全新的世界。在朦胧的月色下，他把"父亲"完整地默读了一遍。在这个世界上，父亲是慈祥的，父亲是高大的，不再是可望而不可即的一尊冷峻而遥远的雕像，而是他身边实实在在的亲人。他彻底地理解了父亲。后来，泰戈尔写道：

当我拿着棍子从这峰跑到那峰，父亲并不反对。我觉察到父亲一辈子也没有妨碍过我的自主。有好几次我的言行都不合乎他的口味和判断，他只用一句话就可以阻止我，但他宁愿等待我的自制的提醒。

他不满足于我们驯服地接受正确的规范；他愿意我们全心全意地喜爱真理，他晓得只有顺从而没有爱是空虚的。他也晓得，真理如果丢了，还可以找到，但是勉强或盲目地从外面接受了真理，实际上是把进入的门拦住了。

同他允许我们在山上随意漫游一样，在寻求真理上他也让我自己选择道路。他并没有为我有做错事的危险而踌躇，他也不为我有遇到忧苦的可能而恐惧。他举起的是一个标准，而不是一根训练人的棍子。

很难估量与父亲同行的日子，对未来泰戈尔的影响有多大。毫无疑问的是，这几个月的旅行，是泰戈尔少年生活中最难忘的日子。父亲的启蒙教育，成为泰戈尔日后创作丰富的源泉。那些镌刻在脑海中的风景，日后也流淌成优美的诗篇。

第二章
"诗人与我之间的距离开始消失了"

上学，"年轻的心就真正被碾干了"

读世界著名人物的传记和回忆录，是读者追寻他们的脚步、从他们的读书生活中得到激励和感悟的捷径。一般说来，在这样的回忆录或传记中，传主大都会津津乐道地谈自己的读书生活，尤其是求学生涯中开蒙、领悟乃至于对后来成就的影响。这时，读者的心中充溢着鸡汤味的"正能量"，励志就成为一种套路。

但是，读泰戈尔的回忆录和传记，如果读者想闻到"鸡汤"的香味，多半会失望；岂止失望，甚至会觉得其求学生涯是那样不堪。在求学这件事上，泰戈尔给你的是满满的"负能量"。

泰戈尔在回忆录中，把当时的教育称为"机

器推动的磨石式的"碾压。他控诉说："这个教育机器是无情而有力的，再加上宗教的外面形式的石磨，年轻的心就真正地被碾干了。"

想象一下，一台嘎吱嘎吱作响的老旧机器，转动着一台磨石。磨石下面碾压的不是米，也不是谷物，而是那些活蹦乱跳的孩子。

多么恐怖的一种景象啊！

泰戈尔笔下流淌的是优美的文字、出人意料的想象力，还有放眼世界、包容一切的大度和胸怀。可是，关于他的求学生涯，他为什么要给读者勾勒出这样一幅恐怖的景象呢？

让我们先从泰戈尔的蒙学说起。

在印度，在种姓制度构成的社会里，高贵的大家庭有着自己的习俗。在乔拉桑戈的泰戈尔家族的宅第，习俗一直规划着这个家族的顺序。泰戈尔5岁时，开始与这些习俗相遇。

1866年的一天，云游在外的"大仙"回到了乔拉桑戈。他看到了在水池边嬉闹欢笑的泰戈尔，感到一阵眩晕：不经意间，孩子就长大了。那眩晕伴随着幸福，"大仙"似乎如梦方醒般找回了做父亲的感觉。

不过，"大仙"又是刻板的，他要遵从这个

家族传承的习俗。他没有向泰戈尔挥洒这种幸福，而是把孩子叫到跟前，严肃地说："你该拜师了。"

懵懵懂懂的，泰戈尔被母亲扔进了浴室。沐浴后理发，整个人都精神了，给肃穆的拜师仪式平添了庄严。

拜师仪式由泰戈尔的父亲母亲一起主持。家庭教师送给泰戈尔的礼物是一套成年人的衣服，母亲将草编的腰带和圣带给他系上。

教师捧起一捧水，缓缓地倒入泰戈尔手中，象征着知识如流淌的水一样，被泰戈尔吸收，源源不绝。

接着，泰戈尔面朝东方跪下，向太阳祈祷。教师在一旁朗诵太阳经文：

> 这是现实，这是智慧，这是光明，我们拥有明媚的阳光。它是火，点燃了我们的聪明和才智。

这样，师徒关系确立。从此，泰戈尔开始了教育启蒙。

这种类似于中国古代的私塾教育是相当乏味的。想一想，一个老师教一个学生的课堂，真是要多孤寂就有多孤寂。读读像胡适或者钱钟书这样的大学者所写的回忆录，他们抒发私塾教育的乏味活灵活现。

当然，孤寂是双方的。就学生来说，五六岁的年龄，混沌初开，整个世界都是新鲜的，相比于书本上的知识，相比于教师那张没有表情的脸，窗外的一切都透着活力。而就教师来说，如果在一个学生和一群学生中选择，教师宁愿选择后者。孔子说，教学相长，说的是教与学的相互促进。一个学生如果不能理解老师所讲的内容，这堂课就死气沉沉，就是孤寂的；而一群学生中，有不理解的，也有理解的，课堂就充满着相互促进的"相长"。

泰戈尔，厌恶这样孤寂的课堂。但是，乔拉桑戈的习俗依然捆绑着他的孤寂。

泰戈尔很是愤愤不平。尤其是看到他的哥哥姐姐们每天乘车上学的场面，他就更加不平。但是，在乔拉桑戈的习俗面前，他的不平没有意义。

泰戈尔决定抗争，以获得像哥哥姐姐们一样去上学的权利。他不敢也不能向"大仙"提要求，于是就向无辜的家庭教师"耍威风"。

有一天，泰戈尔看到哥哥去上学，就大哭着

要和哥哥一起去。家庭教师忍无可忍，上来给了他一记耳光，厉声呵斥说："你现在哭闹着要去上学，将来恐怕更要哭闹着想离开学校呢。"

泰戈尔的"苦肉计"很奏效。家庭教师的这记耳光让他丢掉了工作，泰戈尔则如愿以偿地成为当地东方小学的一名学生。

在泰戈尔的回忆录中，这位家庭教师甚至都没有以全名出现，但他说出的"你现在哭闹着要去上学，将来恐怕更要哭闹着想离开学校呢"这句话，显然是对当年印度的教育状况——至少是加尔各答的教育状况——有着充分的了解，说明这是一位非常懂行的教育工作者。

的确，在泰戈尔进入学校不久后就发现，他不幸进入家庭教师所言说的环境中了。

在泰戈尔的回忆中，对于在东方小学学到了什么东西，他可能没有印象，因而没有更多的记载；但是，他历数这所学校惩罚学生的方式倒是从不惜笔墨。功课不好的学生、没有背出书的同学，都要站在凳子上，双臂伸开，手掌向上，手掌上还要放置小石板。谁的石板掉下来了，就要遭到更为严厉的处罚。

小泰戈尔是单纯的，也是多愁善感的，他第

一次目睹这样冷酷的处罚时不寒而栗，但看多了，也就习以为常了。有一段时间，他甚至模仿起了教师的粗暴和冷酷。当他从学校回到家中，院子中的栅栏、他的小玩具都成为他眼中的学生，成为他施暴的对象。他拿着藤条，模仿着老师的样子，狠狠地抽打着，训斥着。

关于这段经历，泰戈尔在回忆录中写道：

> 从那时起，我体会到学方法比学内容不知道要容易多少。
>
> 我毫不费力地就从老师们的表现上学到了一切暴躁、性急、偏心和不公平，而没有学到其他的教学方法。我唯一的安慰就是，我还没有在任何有知觉的生物身上，发泄野蛮行为的力气。

东方小学成了泰戈尔的噩梦，他不能再忍受下去了。家里遵从了他的要求，把他转到了当地一所著名的示范学校。

这所示范学校在当地是一所名校，之所以出名，是因为学校的一切都按照英国教育制度来构建。在种姓森严的印度，能够进入这所学校的学生大多来自当地的望族。

不幸的是，在泰戈尔笔下，读者看不到这所示范学校"示范"在何处，似乎所谓的英式教育的好处没有给他留下什么深刻印象。他在回忆这段时光时，只是写到了两件比较具体的事情。

第一件事，集体唱英文歌曲。这是这所英式教育学校的惯例：每天上课前，所有的学生都被强制拉到走廊里，排排坐好，集体高唱英文歌曲。这大概是校方为了体现英式教育，激发学生学习英文的兴趣吧。不过，对于刚开始接触英文的学生来说，唱英文歌是比较难的事情，学生不知歌曲意思，发音又是那样蹩脚，加上一下子又接受不了英式曲调，这一切，让泰戈尔感到很滑稽。他把这种唱歌看成是学生们在念奇奇怪怪的咒语，他从中得不到一点乐趣。

泰戈尔在回忆录中对此事依然耿耿于怀：

> 书本告诉我们，火的发现是人类最大的发现之一。我不想反驳这个。但是我忍不住想到，小鸟是多么幸福，因为它们的父母晚上不能点灯，它们在清早上语言课，你一定注意到它们诵读的时候是如何地高兴。当然，我们不应当忘记它们是不必学英语的。

033

第二件事，是他的一位孟加拉语任课教师满口脏话。这让在"大仙"刻板教育下的泰戈尔非常难以忍受，也非常不齿。泰戈尔表达抗议的方式是拒绝和这位老师配合。老师提问的问题，他拒绝回答；老师布置的作业，他拒绝完成。此举招致了这位老师的报复：他把这个胆敢蔑视自己的学生调到座位最后一排，把他晾在一边，让他有一种失众的孤独。

泰戈尔对此一点也不在意，他不给老师交作业，但并不耽误这门学业。他自己默默地学习——这也是他表达抗议的方式：我不听你的课，但我成绩不会差。果然，期末考试时，泰戈尔的孟加拉语成绩名列榜首。

这个结果，对于泰戈尔来说，并不意外；但对于任课老师来说，却出乎意料；对于一些同学来说，更是大跌眼镜——你跟老师作对居然还能有这样的成绩？

两方的"意外"，让任课教师找到了向校方抗议的理由：根据这个学生的表现，他不可能取得这样好的成绩，很有可能是主考老师作弊。

抗议有效！泰戈尔被迫单独重考一次。这一次，任课教师和主考老师一起来监考。但是，考试结果证明抗议无理：泰戈尔依然拿到了最高分。

这次重新考试后，泰戈尔与父亲开始了喜马拉雅山之旅。四个月漫长的旅行，给了泰戈尔最好的转学理由。因此，从喜马拉雅山回来后，泰戈尔转到了当地一所使用孟加拉语教学的孟加拉中学读书。

在孟加拉中学，泰戈尔依然感受不到学习的快乐。相比英式教育的刻板，孟加拉中学的中规中矩、印度落后的教育体制，更让他无法忍受。进入学校后，他一直在做着一件事，那就是逃避学校教育，三天打鱼两天晒网，能不去上学就不去上学。

幸好，泰戈尔的家人对他是宽容的。试过英式教育，你不喜欢；试过本土教育，你也不喜欢。但你总得上学。这样，家人把他送到了圣泽维尔中学。这是一所宗教习俗很浓的学校，不是英式的规则，也不是本土的教育体制，总算可以了吧。

然而，泰戈尔依然无所适从。很快他就发现，宗教习俗浓厚的学校，规则更乏味，教条更多，更加不能激发自己的学习能力。泰戈尔索性

035

不再适应这些规则了。他没有通过学校的升级考试，他必须离开学校。

不过，他在这所学校的时间虽然短暂，却给他留下了一丝温情的记忆。

这所学校的教师中，有 位西班牙的神父很合泰戈尔的脾气。这位神父有着慈祥的容貌和宽容的处事原则。有一次，泰戈尔被这种教育体制折磨得在课堂上无精打采时，神父并没有予以呵斥，而是关切地问他是不是身体不舒服。这一缕温情，让泰戈尔记忆终生。

但是，一个教师的温情毕竟无法冲淡泰戈尔对整个教育体制的厌恶。当他的哥哥要给他转第五所学校时，他向家庭郑重宣布：不再上学了。

家人当然设法劝阻，但劝阻无济于事，也就只能作罢。泰戈尔写道：

> 有一天，我的大姐对我说："我们希望泰戈尔会长大成人，他使得我们大大地失望了。"
>
> 我感到我的价值在社会上显著地下降了。但是我不能下定决心去被拴在学校磨坊的无尽折磨上。

这和一切生活分离的学校磨坊，就像是一个可恨的残酷医院和监狱的混合物。

这样，1875 年，泰戈尔 14 岁，他的故事从对学校抨击的"负能量"转向了"正能量"——他要成为一个励志自学的好青年了。

"莲花开放的那天，我不自觉心魂飘荡"

从心理学角度来说，个人禀赋的确是一个值得研究的问题。有的人喜欢填鸭式的教育方式，有的人却偏偏喜欢自学的方式。我们可以不费力气地举出世界著名人物的自学成才的故事，不是说这些人就比别人聪明，而是说个人禀赋的确可以决定一个人的受教育方式。

从禀赋上来说，泰戈尔就是那种自学成才的典型性人物。他的求学经历可以用他的一句诗来形容："在你的世界中我无事可做；我无用的生命只能放出无目的的歌声。"但是，在自己的世界里，泰戈尔则如鱼得水。这个自己的世界就是泰戈尔的自学生活。

泰戈尔是如何自学的？随着我们后面对诗人人生轨迹的慢慢铺展，读者就会逐步了解。现在，我们先来看看这位日后的著名诗人是怎样开始写诗的。

在一般人看来，诗是一种很奇怪的文体；能够写诗的人，也往往被看成另类的人。其实，同其他文学表现手法一样，诗也只是承载感情的一种方式，谈不上奇怪。但对于诗人来说，他要具备有别于常人的一种禀赋：敏感且想象力丰富。

自童年开始，泰戈尔就具有丰富的想象力。对一种事物的理解以及幻想，会令生活多一些同伴，或者说多一些观众。泰戈尔谈起自己的童年遥想，十分有趣。他说，他可以在自己的想象中开怀大笑，也可以在自己勾画的某一场景中惊慌失措。但是，无论是开怀大笑，还是惊慌失措，他都感觉到有同伴陪伴，或者他在台上表演，而台下坐满了观众。

想象力也是一种禀赋，是一种可以成为诗人的禀赋。而想象力是不需要老师来教的，它是与生俱来的一种特质。我们在第一章曾经讲述泰戈尔面对着水池边榕树想象的情景，到后来诗人以榕树为题材写下的诗，那就是童年时想象力种下的前因。

泰戈尔是在什么时候发现自己具有非比寻常的想象力的呢？他说是在"仆役专制"的时期。

所谓"仆役专制"，是泰戈尔比较幽默的说法，实际上就是仆人照顾孩子的时期。

泰戈尔的家是个大家族，有 14 个孩子、一所豪宅，父亲经常远游，仆人自然是必不可少的。泰戈尔蹒跚学步后，就被交给仆人来带了。

在家人和仆人的印象中，泰戈尔是个非常活泼好动的孩子。因为好动，必然会受到仆人严厉的管束。如果像对待其他孩子那样，一旦泰戈尔出现什么闪失，仆人是无法承担责任的。因此，仆人对他的管束就比对其他孩子严厉一些。这也正是泰戈尔的"仆役专制"说法的由来。

泰戈尔笔下的仆人，有两个比较典型的，一个是夏玛，一个是卡拉什。前者开启了他想象的翅膀，后者则为他完成了日后成为诗人的启蒙教育。

在泰戈尔的记忆中，夏玛是个比较凶悍的人，长得黑，还是个胖子，一头棕色的头发，是"凶悍"一词的人的标配。夏玛喜欢安静——胖子大概都喜欢安静，所以，活泼好动的泰戈尔让他很是头疼。为了让泰戈尔安静下来，让自己打个盹儿——胖子大概都喜欢打盹儿，夏玛把泰戈尔关在屋子里，并让他坐在靠窗的位置，然后在地上给他画了个圈，警告泰戈尔说："如果你走出这个圈，将会招致灾难，大祸临头。"

中国和印度"一衣带山"，文化也有很强的关联性。画个圈把人框在里面的做法，中国也有，《西游记》里的孙悟空，为了师傅和师弟不受妖怪侵害，就使过这招。而在印度，这一招是在古老的史诗般的故事《罗摩衍那》中写到的：悉多走出了罗什曼那所画的魔圈，立即被魔王抓走了。

泰戈尔听过《罗摩衍那》中悉多被魔王抓走的故事，那故事的细节经过他的想象加工，就更加恐怖一些。因此，夏玛的恐吓让泰戈尔充满恐惧，他每天只能待在这个圈子里。

一个活泼好动的孩子，忽然被关进圈子里不能动，他唯一能做的事情就是看着外面的世界发呆；如果他不想更无聊的话，就只能展开想象的翅膀。泰戈尔的想象力，就这样被激发出来了。

向窗外看去，是绿草盈地的大广场，那是这个家族的人休闲的场所。广场上有喷水池，也有古老的大榕树。在泰戈尔的想象中，那五颜六色的花儿会笑，那不间断跌落的喷泉可以是巨大的花洒，也可以是被羁绊在圈子里的孩子愤怒的眼泪。

还有那棵古老的大榕树，泰戈尔的眼睛就没有离开过它。无论风中摇曳，还是水中婆娑，都在给一天时光的流逝画着坐标。阳光洒在树上变幻着不同角度，榕树的影子一会儿细长得如同一个巨人，一会儿又粗短得如同一个胖子。当这个巨人或者胖子被阳光扔进水池后，伴随着微微涟漪，榕树的影子在水中跳起了舞。而泰戈尔呢，就在这种想象中"与榕树的阴影嬉闹"。

泰戈尔的诗篇中，有多处写到榕树，不仅因为榕树适合在印度的气候下生长，更重要的是，泰戈尔认为，他从对榕树的最初的感知和观察中获得了一种天才的观察力和既多愁善感又思维开阔的想象力。在泰戈尔看来，这是他能够在圈子里忍受被羁绊的日子的重要因素。因此，泰戈尔把夏玛写进了回忆录，以此纪念他打开了自己幻想的闸门。

泰戈尔回忆录中写到的另一个仆人是卡拉什。在小泰戈尔的眼中，卡拉什则是另一副形象。他不但长得滑稽，而且做派也像个小丑演员。卡拉什在这个家族的本职工作是会计，这在当时算是个大知识分子了。所以，他不但熟读过

《罗摩衍那》，而且能够把罗摩和妻子悉多的故事，以滑稽的方式绘声绘色地讲出来。同时，他还是一名滑稽的诗人，可以顺口创作诗歌。

从卡拉什那里听《罗摩衍那》，成了泰戈尔童年时期最喜欢做的事情之一，他经常去找卡拉什。而卡拉什呢，也特别喜欢这个有着淡淡哀愁的小泰戈尔，但他觉得，泰戈尔身上的那种哀愁与他的年龄不相符，所以，在给他讲故事的时候，卡拉什就成了一名滑稽的表演艺术家，不但把故事讲得生动，而且他的表演滑稽到位，让泰戈尔常常开怀大笑。

民间文学是一种成熟的养料，蔓延着历史，绵延着时光，营养成分却从不流失，它滋润着一代又一代的人，不断地孕育着它的传承者。卡拉什把这种养料输送给了小泰戈尔，实际上也造就了一位传承者。当然，卡拉什不一定认识到这一点；泰戈尔也未必是抱着"天将降大任于斯人也"的态度来接触印度民间文学的。在泰戈尔看来，无论是卡拉什还是他自己，都是抱着游戏的心态进行互动的。泰戈尔有一首诗《玩具》，虽然是以卡拉什的口吻写的，但似乎写的就是二人之间的这种互动：

孩子，你真是快活呀，一早晨坐在泥土里，耍着折下来的小树枝儿。

我微笑地看你在那里耍着那根折下来的小树枝儿。

我正忙着算账，一小时一小时在那里叠加数字。

也许你在看我，想到："这种好没趣的游戏，竟把你的一早晨的好时间浪费掉了！"

孩子，我忘了聚精会神玩耍树枝与泥饼的方法了。

我寻求贵重的玩具，收集金块与银块。

你呢，无论找到什么便去做你快乐的游戏，我呢，却把我的时间与力气都浪费在那些我永不能得到的东西上。

我在我的脆薄的独木船里挣扎着要航过欲望之海，竟忘了我也是在那里做游戏了。

在泰戈尔的记忆中，卡拉什作为信口开河的诗人，让他更加着迷。说卡拉什信口开河，是因为他作诗从不用纸笔。他是出口成章的，并且一旦说出了第一句诗，便如山间的小溪，汩汩流淌，一首长诗一气呵成。

泰戈尔喜欢卡拉什的诗，更喜欢他朗诵时铿

锵有力的韵律。卡拉什告诉他，一首诗如果要朗诵得好听，必须有韵脚。"韵脚"这个词，就这样不经意地飘进了泰戈尔的脑海。他开始懂得什么是押韵、什么是合辙等诸如此类的作诗基本要素。

泰戈尔是这样理解韵脚的，他抱着对卡拉什感激的心情写道：

> 直至今天，那些日子的欢乐图景还铭刻在我心上。我明白了，诗歌为什么要有韵脚。
>
> 由于有韵，诗词似乎结束，但又似乎没有完结；倾诉结束，但它的回响犹存；心灵和耳朵互相不断玩着押韵的游戏。
>
> 这样，我就在自己生活的漫长日子里，在我的知觉中，一次次谛听到雨水的淅沥声和树叶的婆娑声。

最后一句诗中，泰戈尔说自己"一次次谛听到雨水的淅沥声和树叶的婆娑声"，实际上说的是他对诗歌的第一次体验。

从卡拉什那里获得韵脚的知识后，在印度的蒙学读物中，泰戈尔读到了两句催眠曲的韵文：

> 雨儿淅沥着，

叶儿颤动着。

虽然以前无数次听大人给自己读过，但这一次，因为略懂了韵脚，这两句韵文就有了特别的意义。在他的想象中，淅沥的雨声和婆娑的树叶，不再是书本上的一行字，而是动态的画面。他自己也仿佛置身在这种动态的画面之中，在婆娑的榕树下，被雨水打湿。

诗歌神奇的力量，让泰戈尔惊讶，让泰戈尔眩晕，"一次次谛听到雨水的淅沥声和树叶的婆娑声"后，泰戈尔内心升腾起一种难以遏制的创作的冲动。这种冲动终于在泰戈尔8岁时，成就了诗人的第一首诗。

泰戈尔8岁时，远在英国留学的堂兄乔迪回来了。乔迪比泰戈尔大6岁。那时，正是英国流行十四行诗的时候。

十四行诗是一种格律严谨的抒情诗体，最初流行于意大利，是著名古典诗人彼特拉克开创的，又称"彼特拉克体"。16世纪初，十四行诗体传到英国，风行一时。到16世纪末，十四行诗已成了英国最流行的诗歌体裁，产生了锡德尼、斯宾塞、莎士比亚等著名的十四行诗人。

乔迪是上流社会的孩子，虽然年仅14岁，但对表达爱情的十四行诗很是喜欢，也很有研究，自己也多次尝试诗歌创作。他见到泰戈尔时，觉得这位堂弟虽然只有 8 岁，但周身散发出的那种淡淡的哀愁，很有一种诗人的气质，便鼓励他进行诗歌创作。

在泰戈尔看来，喜欢读诗，在诗歌的海洋中徜徉，放飞幻想的思绪，是自己能够做到的，但要写一首诗，那是前所未有的挑战。他有些心虚，毕竟那些诗人离自己太遥远了，他心中的敬畏感不能一下子荡然无存。

乔迪看出了泰戈尔的疑虑，便鼓励他说："其实，作诗有一定的规则，你明白了规则，世上就没有比作诗更容易的事情了。"他拿出一首十四行诗，向泰戈尔简单地传授了这种诗体的押韵技法后说："瞧，还有比这个更容易的事情吗？你只要把一个个字填入十四个音节的模式里，一首诗就做成了！"

在乔迪鼓励的目光下，泰戈尔小心翼翼地尝试着把自己学会的有着表达意境的十四个字，填入了十四个音节。

不经意间，诗人的第一首作品诞生了。

这一次尝试，得到了乔迪的赞许，也让泰戈

尔第一次从对诗人的敬畏感中走出，令他终生难忘。他后来写道：

> 立刻一朵十四个音节诗句的莲花就开放了，而且有蜜蜂飞了上来。诗人与我之间的距离开始消失了，从那时起就一直消失下去。

乔迪把泰戈尔的诗作送给家中的长辈和兄弟看。一个8岁的孩子，居然可以作诗了！这在乔拉桑戈成了一个大新闻。泰戈尔的五哥蒂林德拉纳特，当时已经是稍有名气的诗人了，立刻给泰戈尔送来了让他脸红的赞美声。不过，泰戈尔很高兴，因为相比乔迪来说，蒂林德拉纳特是诗人，更懂诗歌，得到他的称赞就像得到老师的称赞一样有成就感。

此后，在乔拉桑戈，8岁的泰戈尔就多了一个称呼——"诗人"。他对诗歌的兴趣也更加浓厚起来。既然诗歌是一扇打开快乐的门，我为何不把这扇门内的秘密都探索到？泰戈尔很快痴迷了：他按照蒂林德拉纳特的指点，准备了一个小本子，随时把自己想到的可以孕育成诗的句子记录下来。

后来，他向账房先生要了一本蓝纸本，用铅笔歪歪斜斜地写满自己创作的诗，不断地向哥哥姐姐们请教。这个小本子，大概是泰戈尔的第一部诗集。谁也没有料到，写作竟成了泰戈尔的终身职业，而且直到生命终止，他一直未改在蓝纸本上写诗的习惯。

　　不幸的是，泰戈尔的这第一部诗集并没有保留下来。泰戈尔后来写回忆录时，也很希望能够找到它，但一无所获。所以，他对当年创作的诗歌大多没有记忆，只是记住了其中一首，是写采莲的诗作。

　　诗的大意是这样的：水面漂浮着一朵朵可爱的莲花，有人为了采摘它，跳入水中向它游去。可是，由于双手搅起了波浪，莲花却被推得更远了。就这样，采莲者始终无法接近莲花，最终只好放弃。

　　这是一首韵味十足的哲理诗，让我们看到生活的真实写照：你总是渴望得到那些美丽的东西，但你占有的欲望越强，美丽的事物就离你越远。对照泰戈尔后来的诗作，这是他典型的创作意境。但是，产生这个意境的时候，他还只是个孩子。少年早成，当然很值得骄傲，这份骄傲大概一直延续在老泰戈尔的记忆中，使他始终难忘诗作的内容。

泰戈尔还能够想起的另一首诗，是他对人间疾苦的描述，内容大致是：人世间充满着苦难，只有经历磨炼才能修成正果。这既是在感叹沧桑，又是在忧患时疾。

这首诗作传到"大仙"那里之后，"大仙"很不以为然。他不希望自己儿子的作品承载着这样沉甸甸的内容。不过，他并没有批评儿子的故作深沉，而是引导他从另一个角度去认识世界。

但这首诗在泰戈尔看来有着特殊的意义，这可能是他对在校生涯的一次不公平经历的抗议行为。

泰戈尔的诗名走出了乔拉桑戈，传到了学校。那时，他还在示范学校上学。一位老师读到了他的诗作，很是赞赏，经常训练他继续创作。这位老师常常自己写出前两句诗，让泰戈尔续上后两句。

校长哥文特先生读到了泰戈尔的诗作，觉得他很有才华。他给了泰戈尔一句励志的道德格言，希望他写一首道德训诫诗，朗诵给全校同学听。泰戈尔完成了这个任务。

『诗人与我之间的距离开始消失了』 第二章

049

第二天，校长带着小泰戈尔出现在早课上，早课的内容就是让他朗诵这首诗。泰戈尔的诗很好，好到招致了高年级同学的嫉妒：他们无法想象，眼前这个小小的孩子能够写出这样的诗来。于是，一个流言在高年级同学中传开了：泰戈尔那首诗是抄来的。

泰戈尔知道，自己并没有抄袭过任何人的作品，指控他的人也拿不出证据证明他是剽窃，但是，泰戈尔也无法澄清自己的嫌疑，于是事情陷入了让他愤怒的境地。

更让他感到不可思议的是，他作为低年级学生创作诗歌，虽然遭到了高年级同学的嫉妒，却在高年级同学当中激起了一股写诗的风气——那些高年级的同学是想证明自己写诗的水平技高一筹。但他们证明的方式竟然是蹈袭别人的创作。

泰戈尔受到了深深的伤害。在这个年龄段，他可能无法理解遭受冤屈的原因，更无法理解人们在指责他抄袭——尽管这纯属诽谤——的同时，自己却在明目张胆地进行抄袭。或许，他第一次感觉到时世的艰难。那首讽喻世间苦难和磨炼的诗作，就是在这样的心境下创作出来的。

或许，"大仙"并不了解泰戈尔创作此诗的

缘由，但他知道，以儿子这个年龄，以其性格特质来写这样感叹时世的诗，显然并不合适。即使是他确有这样的感悟，也还为时尚早。

在泰戈尔留下的回忆中，我们看不到"大仙"是如何劝慰泰戈尔放弃这种过于老成的"为赋新词强说愁"的创作的，但泰戈尔显然接受了"大仙"的劝告，以后专注于清新、富有哲理的诗歌创作。

1873年，泰戈尔12岁，他写出了第一部长诗《心愿》，刊登在家庭办的《哲学教育》杂志上。不过，《心愿》并未署上泰戈尔的名字，而是由编辑加了一个注释：12岁少年的作品。

这是泰戈尔诗歌创作最早的文字记录。

诗，伴随着泰戈尔长大，泰戈尔的诗兴也在这种逐步成长中累积。他越发感到"诗人与我之间的距离开始消失了"，印度诗坛上一颗明星开始冉冉升起。

『诗人与我之间的距离开始消失了』 第二章

第三章
家有少年初长成

饥不择食的阅读时节

1875 年，14 岁的泰戈尔正式告别了学校。

泰戈尔在他的回忆录中，对印度教育制度给他带来的身心伤害进行了痛快淋漓的鞭笞，对此，我们之前已有简略的叙述。而在泰戈尔的诗歌创作中，我们同样也能看到一些影射。例如《花的学校》：

> 当雷云在天上轰响，六月的阵雨落下的时候，
>
> 润湿的东风走过荒野，在竹林中吹着口笛。
>
> 于是一群一群的花从无人知道的地方突然跑出来，在绿草上狂欢地跳着舞。

妈妈，我真的觉得那群花朵是在地下的学校里上学。

它们关了门做功课。如果它们想在散学以前出来游戏，它们的老师是要罚它们站壁角的。

雨一来，它们便放假了。

树枝在林中互相碰触着，绿叶在狂风里萧萧地响，雷云拍着大手。这时花孩子们便穿了紫的、黄的、白的衣裳，冲了出来。

花，只有在自由中才会开放，在风雨中会开得更加艳美、活泼；如果把它们放在地下室里，花是永远不会开放的。

泰戈尔用拟人的手法，指责呆板的没有游戏的教育方式，充分表现了渴望和追求自由的童心。

这首诗来自《新月集》。

人们知道，泰戈尔的作品中，大量诗作是展现儿童无拘无束的童心，其中以《新月集》最为突出。泰戈尔在少年时代所受的教育枯燥乏味，教师的庸俗不堪更使他反感。泰戈尔曾感叹："他们（儿童们）什么都说不出，他们没有反抗的声音。"为此，他要自觉地担当起给孩子说话的责任，诗要为孩子们代言。

《新月集》大概就是泰戈尔为孩子而写的作品，是他描绘童心世界、探索童心世界的恋歌。郑振铎评价说，《新月集》"乃是一部叙述儿童心理、儿童生活的最好的诗歌集"[①]。

《新月集》共收 37 首诗。泰戈尔在《孩童之道》一诗中写道："孩子在纤小的新月的世界里，是一切束缚都没有的。"也就是说，在孩童的心灵中，一切都是平等的，一切都是自由的。

再读《职业》一诗。诗人认为，学校的教育呆板没有乐趣，实在不如小贩、园丁、更夫快活。在年少的泰戈尔心中，这些职业都具有很强的吸引力，因为小贩、园丁、更夫都是自由的，正像诗中所写的那样：

> 我愿意我是一个小贩，在街上过日子……
> 我愿意我是一个园丁，在花园里掘地，谁也不来阻止我。
> ……
> 我愿意我是一个更夫，整夜在街上走……

---

①郑振铎：《泰戈尔诗选》译者自序，湖南人民出版社 1981 年版，第 61 页。

对这些职业的羡慕，是从另一个角度对印度教育体制的否定。

当然，泰戈尔不仅谴责印度的教育制度，为儿童的自由呼喊，而且他身体力行，中年以后致力于教育事业，创办了好几所学校，试图为完善印度的教育体制添砖加瓦。这是后话，暂且不提。

对于泰戈尔辍学的选择，父亲"大仙"并没有表现出特别的不快。这位博学的、令人尊敬的学者，愿意让孩子在快活中接受教育。他尊重了泰戈尔的选择，但是，他给泰戈尔聘请了两位家庭教师，要求儿子在家中继续完成学业。

也许，在"大仙"给泰戈尔选择家庭教师的时候，是把因材施教作为首要要求的，因此，泰戈尔与两位家庭教师相处得十分融洽。

两位教师，一位是孟加拉语老师格亚姆·巴布，一位是梵语老师拉姆沙尔瓦梭。

巴布出身于书香门第，熟读孟加拉经典。他与泰戈尔很投脾气，他们都认为，当下的呆板的教育制度无助于学生的成长。因此，巴布给了泰戈尔一种他喜欢的教学方式。他和泰戈尔一起阅读迦梨陀娑的《鸠摩罗出世》，相互交流，他一面阅读，一面翻译给泰戈尔听。这样的教学方式避开了烦琐、枯燥的句法教学，让泰戈尔在阅读经典的过程中，体味句法的运用，达到举一反三的目的。

巴布的授课内容不限于印度经典，英语国家的优秀作品也是他教授的内容之一，譬如莎士比亚的名剧《麦克白》。同样，他也是和泰戈尔一起阅读剧本，在阅读中了解英国文化，学习英语语法。

当他与泰戈尔读完了第一、二幕后，他要求泰戈尔自己翻译余下的内容。这对泰戈尔来说是很大的挑战。不过，巴布展现了他强硬的一面。他把泰戈尔关进屋子里，对他说："如果你没有把剩下的翻译完毕，就不要出这个门。"

对于巴布的这一强硬举动，泰戈尔没有表现出什么反感，这也许正是他乐意做的事情。接下来的几天，泰戈尔没有出门，他按照孟加拉韵文的要求，把全剧都翻译成了孟加拉诗文。

阅读、翻译，无疑是理解一部名著最好的用功方式。泰戈尔就这样在阅读中接受，在翻译中思考，他领悟到了莎士比亚戏剧的奥妙之处。通过这一过程，这部世界名著的每一字每一句都成为构筑他知识体系的奠基石。

现今，已经无法找到泰戈尔当年的译稿。印度泰戈尔的研究者克里希那·克里巴拉尼在给泰戈尔写传记搜集资料的时候，在 1880 年出版的《曙光》文学杂志上发现了泰戈尔关于该剧第一部分（关于女魔）的译稿。他仔细研读了泰戈尔的译稿后说："这个译作是罗宾那孩子熟练掌握孟加拉语和它的韵律以及民间语言的有利证明。在翻译这幕戏时，为塑造它奇特而可怕的形象，罗宾用了一些特殊类型的韵律和词汇。其余的场景可能是用无韵诗形式进行翻译的，因为这种形式他运用自如。"因此，克里巴拉尼认为："成长中的诗人把头一份感恩，奉献给了这位英国伟大的戏剧家。"[①]

梵语老师拉姆沙尔瓦梭，也是一位因材施教的教师。他的教学方法只是针对泰戈尔而定的。他和泰戈尔一起阅读迦梨陀娑的《沙恭达罗》，在阅读的过程中，他把梵语的语言结构作为授课的重要内容。在读书中学习一门语言的语法，当然比单纯的语法讲授要生动活泼得多。显然，这

---

①［印度］克里希那·克里巴拉尼：《泰戈尔传》，倪培耕译，人民文学出版社 2011 年版，第 38 页。

样的教学方式很适合泰戈尔，泰戈尔很快就将这部印度名著读完了。

对于泰戈尔来说，虽然有两位家庭教师上课，帮助辅导，但那只是他读书生活的一小部分。摆脱了学校后，泰戈尔更多的时候是自学，而要自学，必须克服懒散。幸运的是，泰戈尔没有懒散的毛病，他沉迷于文学，钟情于艺术，他贪婪地阅读着各种各样的文学作品。

为了读到用孟加拉语写作的印度著名诗人的诗集，泰戈尔向家族内拥有这本书的一位女眷多次请求，但女眷都以泰戈尔还没有到读得懂的年龄予以拒绝；为了防止泰戈尔偷看，她甚至把书锁在抽屉里。为了偷到这本书，泰戈尔连施两道妙计，最终如愿以偿。

在三哥的书架上看到印度历史学家拉杰德拉尔·米特拉博士主编的一本插图月刊合订本，泰戈尔非常兴奋，然后一遍一遍地阅读。多年后，泰戈尔仍然能回忆起阅读这本杂志的"喜悦心情"："多少个假日的正午，就是这样度过的：我仰躺在床上，胸口放着四四方方的合订本，读着独角鲸的故事，或者是古代卡济斯统治下的奇特审判，或者是克里希纳和库玛莉的爱情故事。"

在大哥的藏书室里，泰戈尔读到了《无知者的朋友》。这是一本小杂志，按月出版。杂志的内容深深吸引了他，他就是从这本杂志上读到了比哈尔拉尔·吉卡拉沃尔迪的诗歌。吉卡拉沃尔迪是孟加拉现代抒情诗创作的先驱。当年，他以优美细腻的风格，写下了《孟加拉美女》等多部抒情诗，一度主宰了印度诗坛的创作。泰戈尔对他的诗非常喜欢。泰戈尔说："在我当时所读到的诗歌中，他的诗是最吸引我的。他的抒情诗所表现出来的笛子般的质朴旋律唤醒了我内心关于田野和林中沼泽的音乐。"

那时，《孟加拉观察》杂志正在连载一位作家的作品。他叫班基姆琼德拉·查特吉，是印度孟加拉语作家，也是印度现代文学的先驱，主要作品有长篇小说《毒树》《阿南陀寺院》等。他是一位深得印度读者爱戴的作家。正在连载的他的作品，"像暴风雨般卷走了孟加拉人的心"，"全邦人民的心里，只有一个担忧：现在女主人公的生活将发生什么样的变化。《孟加拉观察》杂志一到，周围的人们就忘了午觉"。泰戈尔也非常喜爱这位作家。每期杂志一到，他就急切地阅读，虽然"一个月一个月的等待过程充满着渴望和期盼",但是,"在漫长的间隔期里,满心欢喜地阅读每一篇文章,脑子里反复回味着这一期的内容,同时关注并等待着下一期;难以满足的渴望与心满意足的享受、强烈的好奇心与好奇心的满足交织在一起"。他的文学素养,也在这种"反复回味"与"心满意足的享受"中逐步得到提升。

泰戈尔晚年回忆说:

> 在我童年时期,孟加拉文学还没有繁荣起来,我想我一定是把那个时候读得懂和读不懂的书都读遍了。那时候的儿童文学还没有形成独立的门类——但是我相信那对我没有什么害处。现在,渗入文学甘露中,将其稀释了的流质是给年轻人饮用的,它只考虑到他们幼稚的一面,却忽视了他们正在长大成人。童书应当是有一部分儿童能读懂,还有一部分是读不懂的。在孩提时代,我们把能弄到的每一本书都从头到尾读了一遍:读懂和读不懂的内容一直在我们的头脑中活跃着。这就是世界本身对孩子的意识产生的影响,孩子把能理解的东西变为自己的东西,而那些理解不了的东西则引领他们向前迈进一步。

读书，热切地读能够找到的所有的书；而且，所有读的书基本上都可以用囫囵吞枣来形容。对多数孩子来说，这应该是人生成长过程中一个必备的阶段。这一点，泰戈尔与多数孩子并没有多大的区别。但是，泰戈尔能够让这些读懂的和读不懂的内容，一直在"头脑中活跃着"，并逐渐"变为自己的东西"，这是他异于多数人的特质。正是这种特质，让泰戈尔与内心的自我自由对话。

智慧的天窗一旦打开，对人生的感悟就有了出口。泰戈尔开始用笔书写自己的心灵轨迹。

"年轻创作者的火焰"

1875 年 2 月，加尔各答每年一度的"印度教徒集会"节开幕。这也是泰戈尔家族参与组织的一个大型的年会。所谓的教徒集会，仅仅是一个说辞，其实这是一个充满着爱国情怀的文化政治聚会。

当年，印度是英国的殖民地，加尔各答是英国殖民地的首府。尽管英国人的统治是这个社会的常态，西方的生活习惯和风俗也渗透到加尔各答居民生活中的每个角落，但依然无法撼动印度居民的民族自豪感。对于泰戈尔家族来说也是如此。泰戈尔曾经在回忆录中谈到这一点，他说："我父亲在他一生的革命沉浮之中，从来没有舍弃过他对国家的衷心热爱；这种对国家的衷心热爱在他的子孙中就形成了强烈的爱国情感。"

在这种爱国情感的驱使下，早在1867年，应泰戈尔父亲的邀集，加尔各答的一群知识分子经常聚会，讨论政治形势等问题。在这一年，他们组织了"印度教徒集会"节。利用这个节日，大家每年聚会一次，公开的形式是组织展现印度文化的各种表演，内部的聚会主题是围绕着印度民族的独立运动献计献策。因此，印度历史学家在书写印度民族独立斗争运动的历史时，是把"印度教徒集会"作为印度国民大会的前身来看待的。

不满14岁的泰戈尔参加了1875年2月的"印度教徒集会"节，他带来了一首自己创作的爱国诗歌，并在集会上朗诵。

2月15日，当地一家名为"印度每日新闻"的英文地方报纸，特意报道了泰戈尔的朗诵。报道说："代温德拉纳特·泰戈尔先生的幼子、15岁的英俊少年罗宾德拉纳特·泰戈尔，朗诵了一首歌颂印度的孟加拉语诗篇，其抑扬顿挫的声调使满座为之倾倒。"

很显然，第一次在公共场合露面的泰戈尔有着不俗的表现——不仅仅是他的表演才能，他的诗也同样打动听众。聚会结束后，由孟加拉人主办的一份英文周报《甘露市场报》就发表了泰戈尔的这首诗。泰戈尔第一次拿到了署上自己名字的出版物。

这次成功，让泰戈尔得到了鼓舞；来自家族兄弟的鼓励，让他有了努力的目标；爱国主义的热情，也是他创作的一个动力。这一时期，泰戈尔参加了多次聚会，每一次聚会他都奉献一首诗。

山河故园，少年楼头，把栏杆拍遍，才对得起故人、故事，对得起自己不备马鞍就征战的青春。泰戈尔的青春，从狂热的爱国心起步。这一时期他写下了大量的爱国诗篇，字里行间跳动着激情的音符，成为泰戈尔青春的一个见证。

在创作激情澎湃的爱国诗篇的同时，泰戈尔也尝试着创作具有人文关怀的诗歌。这一年，他在文学杂志《知识幼苗》上发表了第一部叙事长诗。长诗题为"野花"，共分为 8 个篇章，有

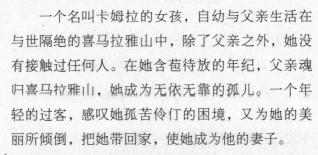

1600行，讲述了一个凄美哀婉的爱情故事：

　　一个名叫卡姆拉的女孩，自幼与父亲生活在与世隔绝的喜马拉雅山中，除了父亲之外，她没有接触过任何人。在她含苞待放的年纪，父亲魂归喜马拉雅山，她成为无依无靠的孤儿。一个年轻的过客，感叹她孤苦伶仃的困境，又为她的美丽所倾倒，把她带回家，使她成为他的妻子。

　　卡姆拉无法与社会的习俗融合，孤寂的生活让她找不到方向。后来，她丈夫的朋友尼勒德，一位年轻英俊的诗人，走进了她的生活，用诗慰藉了她孤独的心灵，她发疯般爱上了尼勒德。尼勒德接受了这份爱，但出于对她丈夫的顾忌，他希望卡姆拉不要这样肆无忌惮。卡姆拉不懂这些，她只知道"我爱谁就爱谁"，跟别人的感受无关。一通大吵后，尼勒德离她而去。不久，她的丈夫发现了这段恋情，杀死了尼勒德。

　　埋葬了尼勒德后，卡姆拉万念俱灰，重新回到了喜马拉雅山，希望在大自然宁静的怀抱中找回自我，承续以前的生活。但是，已然沾染了世俗的一切，如何能复归此前的宁静？她的灵魂在挣扎、搏斗，她也在这种搏斗中走向了毁灭：她纵身跳进喜马拉雅山山谷下的河流，浪涛像母亲的手臂一样把女孩拥抱在怀里。"野花"离开了花丛，枯萎了，凋谢了。

泰戈尔的研究者认为，一个14岁的少年创作情节这样跌宕起伏的长诗，虽然诗句还未及细致雕琢，语言也带着稚嫩青涩，但他虚构的爱情故事已经向世人展示了他卓越的才华。

《知识幼苗》杂志的编辑很欣赏泰戈尔这棵"幼苗"的才华，在发表了《野花》后，把泰戈尔的作品悉数拿来，毫无选择地发表；泰戈尔把这里当成了育英的苗圃，那些成为印刷体的诗句，像雨露一样滋润着他的心田，给他鼓励，助他成长。

还是在这本杂志上，泰戈尔发表了平生第一篇文学评论作品，评论的是当时非常流行的一本诗集《布班莫希尼的天才》。

这本诗集没有作者署名，因为很流行，在文坛引起了很大的震动。有人认为，从字里行间看，作者应该是一位女士，而且应该是当时比较有名望的一位诗人。泰戈尔的一位朋友出于对这位女诗人的热爱，对此深信不疑。泰戈尔则对此持怀疑态度。他认为，这位诗人的作品在内容上略显粗犷，在情感上、在思想内涵上、在语言运用上都缺少诗歌的特质，因此，这些文字游离于诗篇之外，缺乏含蓄与自然，更缺乏女性作品所特有的柔美与敏感。

泰戈尔把自己的看法告诉了一个哥哥，哥哥认为他的看法很有见地，鼓励他写成文章。文章写成后，《知识幼苗》又不吝版面，全文发表，在文坛引起了很大反响。当然，有的读者并不同意泰戈尔的观点，但都很惊讶于他的才华，为他鼓掌。

泰戈尔的那位朋友当然不以为然，但又写不出批评文章，便恐吓泰戈尔说：有一位文学学士不赞成你的观点，正在写文章驳斥你呢。那个年代，文学学士是文学界的最高学历，而泰戈尔是个连中学学历都没有的肄业生，他有些害怕了，提心吊胆地过了些时日，文学学士的文章并没有出现，泰戈尔才算如释重负。更重要的是，后来的事实证明，泰戈尔的评论完全正确。

877年，泰戈尔家族创办了一份文学月刊《婆罗蒂》，主编是大哥德维琼德拉纳特，执行主编是五哥蒂林德拉纳特。关于泰戈尔这两位哥哥的文学素养和对泰戈尔的影响，我们在第一章中有所提及。兄弟俩合办这样一份刊物，当然不是专为泰戈尔发表文章之用，但泰戈尔研究者认为，这份刊物"为孟加拉文学开辟了一条新路"。而且，这份杂志的确成为泰戈尔成长的另一个苗圃。

有了这样一个发表阵地，泰戈尔的创作一发而不可收。他的第一篇短篇小说《女乞丐》，他未完成的长篇小说《怜悯》，用自由韵律写成的历史剧《罗德尔琼德》，长篇叙事诗《诗人的故事》，模仿古典风格写成的《太阳组歌》，以及其他一些诗歌、文章、西方文学的翻译与研究，陆续刊登在《婆罗蒂》上。

少年得意的泰戈尔，还做过一件"托古作伪"的事。他一直对"毗湿奴派古诗"十分神往，像着了魔一样，一心想掌握其创作秘诀。

所谓"毗湿奴派古诗"，源于毗湿奴神——印度三大神之一。在吠陀时代，毗湿奴可能是太阳神的一个称号；在史诗和往世书时代，他被认为是印度三大神中的保护之神。他有四只手，分别拿着神螺、神盘、神杵和莲花。他还有一张神弓和一把神剑。他有时坐在莲花上，有时躺在一条千头蛇身上，有时骑在一只大鹏鸟身上。他的妻子是天神和阿修罗搅乳海时出现的，名叫吉祥天女。毗湿奴下凡救世的故事在印度广为流传，家喻户晓。毗湿奴的下凡事迹，在《罗摩衍那》等印度古典著作中均有记载，在印度民间也以传唱的方式有口皆碑，逐渐形成了"毗湿奴派古诗"。不过，到了19世纪初叶，随着梵文文学的流行以及西方文学的进入，"毗湿奴派古诗"慢慢地销声匿迹了。"这类诗歌的形式已经变成一种凝固不变的俗套格式，尤其在泰戈尔家族中，它只被认为是一种迷信或偶像崇拜的标志。"印度泰戈尔的研究者克里希那·克里巴拉尼如是说。①

然而，这些很久不为人读的古诗，却在12岁的泰戈尔那里得到了传承。

1873年，"毗湿奴派古诗"的爱好者将这些已经不传世的古典诗歌搜集在一起，印刷成书留存。因为是留存，所以印刷量极少。12岁的泰戈尔得到了一本，一读之下，立即被其抒情的音调、大胆的韵律和丰富的形象所吸引，他爱不释手，将之视为滋润他诗歌创作的养料。

16岁时，泰戈尔读到了英国12岁神童诗人查达尔顿的故事。这位神童从英国古典诗中汲取

①[印度]克里希那·克里巴拉尼:《泰戈尔传》，倪培耕译，人民文学出版社2011年版，第49页。

养料，并"托古作伪"，写了很多仿古诗。但是，这些仿古诗因为晦涩难懂，没有多少读者能够理解，传播范围极窄。查达尔顿为此在18岁时抱恨自尽。

查达尔顿的故事刺激了泰戈尔，他决心效仿这位英国神童——当然除了自杀之外，"托古作伪"，于是他从1877年16岁时开始写作《帕努辛赫诗抄》。

泰戈尔把这些诗作朗读给朋友听，说作者是15世纪的著名诗人"帕努辛赫"。朋友非常喜欢，并对泰戈尔所编造的"帕努辛赫"深信不疑。泰戈尔觉得，读者其实是挺好骗的。于是，从1878年到1882年，《帕努辛赫诗抄》在文学月刊《婆罗蒂》上陆续刊出时，泰戈尔继续开着这个很大的玩笑。他在附言中说，这是他在梵社图书馆查书时发现的15世纪诗人的手稿。

很多读者都陷入泰戈尔的杜撰之中，相信这真是古人的作品。一位在德国的孟加拉学者，竟将《帕努辛赫诗抄》视为印度15世纪诗歌的典范，并写了一本印度抒情诗与欧洲抒情诗做比较的小册子，由此获得博士学位。

泰戈尔自己也沉浸在这个编排之中不能自

拔，直到晚年他主持编纂《泰戈尔全集》时，毫不犹豫地将这些诗收了进去，读者才恍然大悟。泰戈尔在"自序"中写道："《帕努辛赫诗抄》的创作，从孩提时期延伸到较大的年龄，由一条岁月的长线连接起来，各章节水平不一，价值不尽相同。"他同时不无自我揶揄地说，读者可以"把它视为非法进入文苑的一个具体事例"。

这部作品集中体现了作者接受印度梵文古典文学、中古毗湿奴虔诚文学和西方文学的影响，给人一种迥然不同的感觉，在整个泰戈尔诗歌创作中有着非常特殊的地位。正如克里巴拉尼评价的那样："《帕努辛赫诗抄》是毗湿奴虔诚诗歌在少年诗人心灵上产生影响的明证。在毗湿奴诗歌里拉塔和其他牧女对黑天的爱情的歌唱，是心灵对最高神明的迷恋的象征。在感情的抒发和抒情的赞美方面，这部诗选在印度是独一无二的。"[1]

泰戈尔晚年在回忆录中提及这个玩笑时还有些忍俊不禁，他说："把帕努辛赫的诗放在诗歌创作的原则上检验一下，就会露出马脚，显出破

①［印度］克里希那·克里巴拉尼：《泰戈尔传》，倪培耕译，人民文学出版社2011年版，第49页。

绽。这些诗歌没有古印度简朴旋律的心醉神迷的音乐，里面只有现代外国乐队的叮当声。"

不过，除此之外，泰戈尔认为他在《婆罗蒂》发表作品时期，正是"年轻创作者的火焰"腾升之际。他说："在我脑子里除了热蒸气之外，什么也没有。发出热的气泡，卷起圆圆的、充满无目的、无意义的自我陶醉的幻想旋涡。它没有定形，只有一个方向的运动、一个显示、一个强烈的爆发。其中不少成分不是我的，而是从其他诗歌中借来的。显然，它们的忧虑、聚集在其中的紧张感则是我的。"所以，他在中年成熟时期选编作品集子时，基本上摒弃了那个时期所创作的大部分作品。同时，泰戈尔也非常认真地检讨了他在这个时期的整体文学创作：

> 不管怎么说，我做过的许多使我羞愧的年轻人的傻事，糟蹋了《婆罗蒂》的书页；但是使我羞愧的不只是文学上的缺点，还有它的残忍的狂妄、过度的放肆和傲慢的造作。同时我也可以坦白地承认那时期的作品，是弥漫着一种价值不会微小的热情。这是这样一段时期：如果错误是自然的，那么怀着希望、信仰和快乐的年轻官能也是自然的。如果错

误的燃料对于喂养热情的火焰是必要的话，那么那些该烧成灰的就成了灰，火焰在我的生命中所做的好事是没有白做的。

泰戈尔进入老年后，不但把《帕努辛赫诗抄》收入全集，还为其中的一些诗配了曲调，仿佛以此证明"火焰在我的生命中所做的好事是没有白做的"。由于他的名望，这些诗被广泛传唱，至今仍受到人们喜爱。从这个意义上说，泰戈尔为传承印度古文化做出了很大的贡献。

一段意外的读书时光

1878 年，泰戈尔 17 岁了，已经到了开始选择职业的年龄了。

这时，尽管他已经是印度稍有名气的诗人了，但在那个年代，在一个贫困和饥饿常态化的社会里，能够认字、读懂文学作品的人毕竟是少数。文学创作只是上流社会的自娱自乐，成为一种社会上公认的职业——譬如作家，并靠着写作——譬如拿稿费，来养活自己，还是若干年以后的事情。因此，连带着文学创作，并不被社会视为一种正经的职业。

泰戈尔转学几处，都没有学有所成，甚至连

中学文凭都没有，喜爱从事的文学创作又不被社会视为职业，他真的是失业了。在家族中，一时间关于泰戈尔的职业选择成为热点问题，大家都在想方设法把泰戈尔引导到被当下社会认可的正当职业中去。

泰戈尔的二哥萨特因德拉纳特，留学英国归来，是英国殖民下印度政府中第一个文职官员，他认为，泰戈尔最好像他一样，成为一名文职官员，或者成为一名既可以自食其力又受人尊重的律师。在那个年代，律师和文职官员一样，都是受社会尊重的职业。父亲"大仙"认为老二的想法不错，可是他心里也犯嘀咕：这对于中学都没有毕业的泰戈尔来说，是不是有点太难为他了？毕竟，"大仙"对孩子的教育一直采取"放牧"的方式，如果强迫他去做他不爱做或者做不到的事情，他也不屑为之。

萨特因德拉纳特认为，把泰戈尔送到英国去留学，可以给他创造成才的机会。恰好，他不久就要到英国度假，他的妻子和孩子现在已经到了英国，可以先把泰戈尔带到他任职的阿赫默德巴德，和他住在一起，他帮助泰戈尔熟悉一下英国的情况。

在阿赫默德巴德，萨特因德拉纳特居住在一座皇宫里。白天二哥要去上班，家里只剩下泰戈尔一人，对着空空荡荡的宫殿，他觉得既冷清又孤寂。好在二哥的书房里有很多书，既有英文的也有梵文的。对于好读书的泰戈尔来说，阅读，无限制的阅读，是一种享乐。除了阅读，泰戈尔继续进行着创作，他继续为《婆罗蒂》月刊写稿。冷清和孤寂，就在阅读和创作中随时光溜走。

　　在阅读中，有两本诗集给泰戈尔留下了深刻印象，也为他以后的创作提供了养料。一本是英国著名诗人丁尼孙的诗集，这是一本善本书，印刷字体很大，并有很多插图。泰戈尔读这本书的感受是："这本书对于我，和这宫殿一样静默无声。我也同样在它的画页上徘徊。并不是因为我不能了解原文，而是它对我说的像是发音模糊的细语而不像字句。"

　　另一本书是哈柏林博士编的梵文诗选，也是善本书，是老斯拉姆普里印刷所印行的。泰戈尔认为："这本诗也在我的理解之外，但那响亮的梵文字句和韵律的行进，使我总在《阿摩卢百咏》诗句中间应和着它们轻擂的鼓声走步。"

　　二哥居住的皇宫是沙黑巴克伊斯兰教帝国时

代的建筑，已有二三百年的历史。居住在这里的泰戈尔，看着阳光在斑驳的墙壁上游弋，忽然感受到了历史的分量。第一次置身于历史之中，这座宫殿给他开启了无限的想象空间，让他在古老的历史画卷里徘徊："在阿赫默德巴德，我第一次感到，好像停滞了似的，它凝视着光荣的往昔。……当年的情景不知过去了多少世纪：鼓乐房里昼夜二十四小时按时响起音乐钟声；马蹄声一直在石道上回响着；一队队行进中的土耳其骑兵的梭镖在阳光下闪闪发光；阴谋诡计在皇宫里悄悄进行着；佩带利剑的黑人宦官守卫着内宫；皇后的浴室里喷溅着玫瑰香水，她手腕上的镯环叮当响个不停。然而今天，皇宫花苑沉默地矗立着，像一个奇异荒诞的故事一样，它的色彩早已褪去，它各种各样的响声早已匿迹；白日的威风早已低落，夜晚的情趣早已匮乏。"

在这样无穷的想象中，泰戈尔开始构思一部小说《饥饿的石头》，并在脑海中形成了章节。但是，泰戈尔并没有急于动笔。他知道，想象依然维护着激情，但历史需要沉淀，沉淀过后的历史才能移置于想象的空间，构成一部作品。为找到这种感觉，泰戈尔不怕等待。数年后，当泰戈尔写出这部作品后，立刻引起了轰动。泰戈尔的等待获得了丰厚的回报。

在阿赫默德巴德，让泰戈尔相当兴奋的事情是他的《诗人的故事》居然出版了。这首长诗是泰戈尔发表在《婆罗蒂》创刊号上的，他的一个热心的朋友很喜欢这首长诗，就把它印刷出版了。这也是泰戈尔第一本正式出版的作品。泰戈尔当然很兴奋，但他的朋友则要承担经济损失。那时，泰戈尔毕竟没有什么名气，书当然很难销售。后来，当泰戈尔"听说那些销不出去的书，在很长的时间内沉重地压在书店的书架和这位倒霉印刷者的心上"时，他感到非常愧疚。

泰戈尔跟二哥来到阿赫默德巴德，是为了熟悉英国社会，为留学英国做准备，但是由于二哥的繁忙，四个月过去了，留学英国的事情被抛到脑后，却意外地给了他一段安静的读书时光。泰戈尔满足于这样的时光，但二哥觉得还是要让他学习英语，熟悉英国社会，于是二哥把他送到自己认识的一位博士家里。这位博士是物理学专家，也是印度的社会改革家。这位朋友的家中有一位刚刚从英国回来的少女，名叫安娜。

安娜熟悉英国的生活方式，她热情大方，让

自幼在"男女有别"的宗教家庭中长大的泰戈尔大开眼界，非常着迷；而安娜，对于诗人也很钟情。由此，两人演绎出一段很浪漫的故事。这是后话，暂且不题。

英国留学

1878年9月20日，泰戈尔乘上了远赴英国的轮船，开始了为期一年半的留学生活。

读泰戈尔的回忆录，读者会发现，关于英国留学这段生活，泰戈尔写得比其他任何时期都要细致、详尽。原因大致有两个：第一，英国毕竟是与印度完全不同的国度，无论文化还是社会习俗，都与印度本土有着很大的差异，这种差异，给泰戈尔留下了深刻的印象；第二，在留学这段时间里，他不间断地写信，这些信曾以连载的形式在《婆罗蒂》上发表。这些信件，谈的内容就是他在留学期间所感受到的一切。无疑，这是他的回忆录能够详尽回溯记忆的文本，当然也是我们现在粗线条地勾勒泰戈尔在英国留学生活的索引。

泰戈尔的目的地是布莱顿，他的二哥一家人在等着他。二哥已经给他安排好了学校，进布莱顿公学学习法律。但是，泰戈尔进入布莱顿公学不久就离开了。原因是，二哥的一位好朋友正好来英国旅行，他得知泰戈尔是以这样的方式留学，只是把加尔各答的家搬到布莱顿而已，并不利于泰戈尔的成长，于是他对萨特因德拉纳特说，如果要使泰戈尔从英国教育中得到真正的收获，就应该让他单独生活。二哥接受了朋友的建议，便把泰戈尔转到伦敦学习，让他独立生活。

在伦敦，泰戈尔先是跟从一位老师学习拉丁语，后来进入伦敦大学学习。此时，泰戈尔的生活有了令他高兴的转折。

首先，伦敦大学所教授的文学课程，诸如英国文学课、莎士比亚戏剧等，都很对他的胃口；英国教授的教学方式也让他耳目一新。泰戈尔晚年写回忆录时，依然无法忘记在伦敦大学所受的文学教育：

　　回顾我所说到的那个时期，我想我们从英国文学所得到的是刺激多于营养。那时候我们的文学之神是莎士比亚、弥尔顿和拜伦，他们的作品的特质中激动我们最深的是热情的力量。在英吉利人的社会生活中，热情的发泄是被严厉地抑制住的，也许就为这个缘故，它们就支配着文学，使它的特点成为发泄出恣肆、强烈的感情到一个不可避免的爆发。至少是这种无节制的激动，我们学着把它看作是英国文学的精华。

在我们的英国文学传授者阿克塞·乔杜李关于英国诗歌的激昂雄辩中，有着狂热的陶醉。罗密欧和朱丽叶的恋爱的狂暴，李尔王的无力悲叹的愤激，奥瑟罗的烧毁一切的、火一般的嫉妒，这些都是激起我们热情欣慕的东西。我们拘束的社会生活，我们较小的活动园地，是被单调划一的圈子圈了起来的，使得暴风雨般的感情不得其门而入；——一切都是尽可能地安宁寂静。因此，我们的心很自然地渴求着英国文学中那给予活力的热烈情感。我们的感情不是文学艺术的审美的欣赏，而是止水对于狂澜的热烈欢迎，虽然它会把水底的淤泥搅到水面上来。

其次，泰戈尔找到了一个好房东。泰戈尔这次的房东是司各特博士，他就住在博士家里，成为这个家庭的成员之一。司各特博士有一个温柔的妻子和三个美丽的女儿，这样的家庭环境让泰戈尔感觉很温暖。"在很短的时间内，我就成为他们家庭之一员。司各特太太待我像儿子一样，我从她女儿们那里得到的由衷的款待，是比自己的亲戚还要难得的。"泰戈尔如是说。

也许是年龄相仿的缘故，博士的小女儿玛莉亚与泰戈尔走得更近一些。他们一起上学，功课上相互帮助。她还带泰戈尔参观，以帮助他了解英国社会。玛莉亚打开了泰戈尔接触英国社会的窗口。泰戈尔很感念这种了解英国社会的方式："我在大学只念了三个月，我对外国的知识差不多全是靠同人们的接触得来的，这却不是学校式的读书。这是一面了解文学一面接触了人心。"

泰戈尔与玛莉亚还有着同样的爱好：写诗。他们常常一起用英文进行诗歌创作。泰戈尔把自己的诗歌翻译成英文，送给玛莉亚；玛莉亚投桃报李，把自己创作的诗歌送给泰戈尔。

一对少男少女用诗歌交换情感，是从两小无猜没有来得及过渡到情窦初开，还是用两小无猜抑制情窦初开？不得而知。反正从泰戈尔的回忆中看不到两个人坠入情网的描述。但是，泰戈尔喜欢这位英国女孩毫无疑问，有诗为证：

我精神上享受着欢乐和幸福。

来吧，她轻轻向我走来！

近一点，再近一点，

我激动的心渴望把自己深深

埋在你的怀抱里。

但是我很害怕，

害怕有一天可爱的小鸟

随时从我身边飞走。

可是，在泰戈尔送给玛莉亚这首诗不久，他却要从她"身边飞走"了。

因为在英国的二哥一家要归国工作，"大仙"认为，让泰戈尔一个人留在英国不适合，担心他闯出什么乱子来。"大仙"要泰戈尔中断学业，与二哥一同归国。

回到自己的家，泰戈尔当然感到高兴，"我早就盼望着回家""祖国的山山水水早就在呼唤着我"，心中的渴望跃然纸上。但是，他又的确难舍与博士一家的情感，尤其是与玛莉亚的那份两小无猜，或者说情窦初开。

还有两天就要离开了，所有的情感涌上心头，让泰戈尔倍感煎熬。他提笔写下了一首诗

《两天》：

> 我——一个来自东方异乡人，
> 踏上西方的土地时，
> 正值隆冬时节，
> 树木已脱光了叶片，
> 大地被白色的幔帐覆盖着。

> 只有两天的逗留辰光，
> 这里依旧是严冬。
> 鸟儿沉默着，
> 光秃的树枝上堆满白雪，
> 春天多情的吻，
> 还没有把大自然从沉睡中唤醒。
> 但是两天的逗留已过去，
> 我得远走他乡。

> 我面对着东方的祖国，
> 扪心自问：
> 我什么时候再来？
> 我什么时候重见那些熟悉的面容？
> 多少年后，也许有一天我独自坐在远方
> 的河畔，
> 太阳正向着西方沉落，

回忆的波涛突然在心窝里翻滚，

一张熟悉的脸庞浮现在眼前，

一支古老的曲子响彻天际。

那如花似玉的脸容，

那束蓬松如烟的金发，

夜夜潜入我的梦乡；

那双充满智慧和希望的眼睛，

窥视着我的心，

一个哽咽的声音在喃喃发问：

"难道你一定要走？一定要走？"

两天的逗留期限已满，

秃光叶片的树木没有心思去开花结果，

皑皑的白雪也没有时间去融化；

然而两天的时光将永远用她的双臂拥抱我，

她那温柔的抚触将永远留在我的心中。

然而，令人羞愧和悔恨，

我在这儿只逗留两天，

只是为了撕碎那颗温柔的心。

据克里希那·克里巴拉尼研究，这首诗发表
在《婆罗蒂》上时，泰戈尔没有用真名，后来收入他的《晚歌》诗集时，人们才知道是他的诗。而且，这首诗的最后一节，在已出版的英文译本中也删掉了。

泰戈尔在掩饰什么？他与玛莉亚的情感到底有没有逾越一般友谊的界线？从这首完整的诗中，似乎可以看出点端倪。克里巴拉尼说"从中可以窥见他那时的一些情愫的影儿"；其实，何止是情愫的影儿，"一个哽咽的声音在喃喃发问""只是为了撕碎那颗温柔的心"，诸如此类的诗句，仿佛都可以听到情感撕裂的声音。[①]

这是一般朋友分别时的情感吗？可以想见的是，泰戈尔与玛莉亚之间，感情空间并不是一片空白。因此，当他离开时，他也不会像徐志摩在其名诗《再别康桥》中所说的："我挥一挥衣袖，不带走一片云彩。"

----

① [印度]克里希那·克里巴拉尼:《泰戈尔传》,倪培耕译,人民文学出版社 2011 年版,第 64—66 页。

第四章
纳莉妮，终生的爱

卡丹巴丽，"诗人心中的诗人"

1880 年 2 月，19 岁的泰戈尔回到了印度。他没有拿到律师的学历，也没有获得值得骄傲的荣誉称号。他只带回了一样东西——一部没有完成的大型歌剧手稿。有意思的是，这部歌剧叫作《破碎的心》……

两年前离开加尔各答时，他 17 岁；两年后回到这里，他 19 岁。在人生的旅程中，两年的光景算不得什么；但是，若这两年恰好处于人生的某个关节点上，则不可忽视。

对于泰戈尔来说，17 岁离家到阿赫默德巴德时，他还是一个对感情懵懵懂懂的少年；19 岁归来，他已经是对感情尤其是对爱情有着理解的青年了。

毫无疑问，泰戈尔受到了家族的欢迎。没有人问他学到了什么，也没有人关心他学到了什么，家族迎接的是一位归来的游子，所有的热情仿佛是对他17个月枯燥的留学生活的补偿。

可是，当泰戈尔在欢迎的人群中看到了五嫂卡丹巴丽·黛薇热切的目光后，他领受了家人这份热情，但也保留了他自己的一份孤独。

泰戈尔14岁时，母亲归隐道山，五嫂就是他心目中像母亲一样完美的女人。她对泰戈尔的感情，也如同母爱一样。

卡丹巴丽·黛薇比泰戈尔大2岁。她嫁到乔拉桑戈时，只有10岁。

那个时代，印度盛行童婚，但印度的早婚风俗与中国不同。孟加拉的早婚是女方年纪小，而男方的年纪并不小。这种习俗，一方面与印度处于热带、女孩子成熟得比较早有关，另一方面也与印度教的社会习俗和高额的陪嫁费有关。因为姑娘的年龄越大，男方索要的陪嫁费就越高。因此，家里有女儿的父母都希望尽早将女儿嫁出去。如果说以前中国的婚姻是男方家长出钱买媳妇，那么印度的婚姻则是反过来的，是女方家长出巨资买女婿。因此，印度的家庭生了儿子，就特别高兴；而生了女儿，父母就得为嫁女儿准备一大笔钱，否则女儿就可能待字闺中。如果女儿迟迟不嫁，其父母在人们面前就会颜面尽失，因此，做父母的都希望早点儿为女儿完婚。这就是印度教社会早婚盛行的社会根源。所以，卡丹巴丽嫁给泰戈尔的五哥蒂林德拉纳特时才刚刚 10 岁，比丈夫小 10 多岁，但只比泰戈尔大 2 岁。从年龄上来说，她与泰戈尔很自然地成为玩伴，他们常在屋顶的凉台上做游戏。

泰戈尔的五哥蒂林德拉纳特，我们在前边几次提到，他是一位富有激情的音乐家、诗人、剧作家和艺术家。在兄弟姐妹中，他是对泰戈尔的影响和支持最大的人，泰戈尔就是在他主编的《婆罗蒂》上茁壮成长起来的。卡丹巴丽嫁给蒂林德拉纳特后，在丈夫的影响下，也喜爱文学，爱好读书，尤其爱好读同时代作家的作品。

1875 年，泰戈尔的母亲去世后，卡丹巴丽已经成长为一位风姿绰约、优雅宽厚的女性，她自觉地担当起照顾 14 岁的泰戈尔的责任。而对泰戈尔而言，失去了母爱，一起玩耍长大的五嫂就成为他情感寄托的对象。

卡丹巴丽天生聪慧，对文学的领悟性非常强。在泰戈尔饥渴地读书的阶段，她成为绝好的辅导员。年龄相仿，又有着同样的志趣与爱好，他们很容易找到共同语言。著名小说家班基姆琼德拉·查特吉的长篇小说在《孟加拉观察》杂志上连载时，杂志一到，泰戈尔就会为卡丹巴丽朗读；而卡丹巴丽则温柔地为他扇着扇子，眼光柔和得如同女神。

这一时期，也正是泰戈尔进行创作的阶段，他写了很多诗，在《知识幼苗》和《婆罗蒂》上陆续发表。年少的泰戈尔慢慢自负起来，卡丹巴丽看出这一苗头后，常常给他敲敲警钟，让他能够谦虚一点。

卡丹巴丽很喜欢孟加拉语诗人哈尔拉尔·吉卡拉沃尔迪的组诗，她常请这位诗人来家里做客，向他请教问题。热爱创作的泰戈尔与吉卡拉沃尔迪也成了好朋友。不过，每当看到卡丹巴丽对吉卡拉沃尔迪表现出崇拜之情，泰戈尔就感到莫名的不爽。他立志要成为像吉卡拉沃尔迪一样的诗人，好让嫂子用同样的目光来看他。

卡丹巴丽对泰戈尔说，自命不凡地追求诗人名誉的人是会让人笑话的，她勉励他要脚踏实地进行创作。她把爱给了他，却也常常让他气恼。譬如，当他兴高采烈地把自己新创作的一首诗念给她听时，她有时候会说："别人的诗可能写得比你好。"她甚至还嘲笑泰戈尔的长相。泰戈尔说："我还有什么优点，她从来不予肯定，甚至她说我长得奇丑无比，神明也不满意我。"

但是，泰戈尔却承认，这个对他说三道四的嫂子正是他心目中的女神。泰戈尔后来回忆说："在'佣人统治'中长大之后，当我突然获得女人抚爱的甘霖滋润的机会时，我不会不欣然领受的……外界的旁观者认为，闺房好像是一座监牢，但对我来说，则是全面解放的寓所。"

这里，泰戈尔用了"全面解放"的字眼，展现了卡丹巴丽在他身上倾注的深深的爱。的确，她几乎成了泰戈尔理想中的人物，两人之间有一种罗曼蒂克的眷恋。她身兼泰戈尔的母亲、姐姐、情人、女神的"四重角色"。

现在，在19岁的泰戈尔的眼中，卡丹巴丽依然肩负着"四重角色"，但与他两年前的感觉已经不一样了。对泰戈尔来说，青春期所展现的晦涩情感，取代了少年时期的天真无邪；尤其是在经历了与安娜的一段恋情后，那种青春期独有的

纳莉妮，终生的爱　第四章

"男女有别"的防线，让他把卡丹巴丽也放在了防线之内。他们俩再也不可能像以前一样嬉闹了。

安娜是谁？她和泰戈尔有着怎样的恋情？这里暂且放下，我们还是把泰戈尔和卡丹巴丽的故事讲完。

不知为什么，卡丹巴丽在她26岁时，采取了一种极端的方式——自缢身亡，结束了她年轻的生命。对于她的死因，泰戈尔的研究者做出过各种解释，但大多带有主观臆测的成分。譬如，有人说，当时她丈夫面临破产的险境，她对生活感到无望；也有人说，她婚后16年始终没有生育，被人嘲笑。其实，印度教非常排斥以自杀的方式结束生命的做法，认为自杀的人丧失了得救的机会。上述原因真的足以让她毅然决然地放弃自己的生命吗？

有人对此提出质疑，是因为看到了一个值得玩味的事实：卡丹巴丽自杀的时候，恰好是泰戈尔结婚刚刚6个月之际。

不管怎样，卡丹巴丽的离世给泰戈尔带来了巨大的心理创痛，他在回忆录中记录了这段经历："在我24岁那年，我和死神的相识历久难忘。……

那个确确实实存在的人，那个在各方面都同我的生活与身心有联系，对我来说，更为真实的人，转眼却像一个梦一样消逝了。当我环顾四周的时候，我觉得这一切都是多么难以理解、自相矛盾啊。"

1919 年，也就是卡丹巴丽去世 34 年后，泰戈尔写下了《首次伤悼》：

> 昔日绿荫婆娑的曲径，如今野草丛生。在这僻静的所在，忽听背后有人问道："你不认识我了？"
>
> 我回首打量着她的脸，困惑地说："我仿佛见过你，只是说不出你的芳名了。"
>
> "我属于你远久的往昔，是二十五岁那年的伤悼。"她眼角闪着黯淡的泪光，宛如荷塘水面上颤动的朦胧的月辉。
>
> 我错愕地站了一会儿，问道："那年我眼里你像斯拉万月的雨云那样黝黑，而此刻我看你是阿斯温月金色阳光的化身，莫非你失落了那时的泪水？"
>
> 她不言语，莞尔一笑。我看出这一笑的含蕴极其深厚，雨云已学会像秋日的素馨一样微笑。

"你至今珍藏着我二十五岁时的青春?"我又问一句。

"你仔细地观察我胸前的花环!"

我发现那年春天编织的花环竟未凋落一片花瓣。

"我的一切俱已衰颓,"我伤感地说,"唯有你白净的颈子上我二十五岁时的青春尚未褪色。"

她慢慢地取下花环挂在我的脖子上:"你还记得吗?那时你说你需要的不是慰藉,而是伤悼。"

"好像说过这样的话。"我有些不好意思,"但光阴荏苒,不知不觉也就淡忘了。"

她立刻用坚定而真诚的口气说:"心灵主宰的新郎没有忘却。我一直隐坐在绿荫里……接受我吧!"

我握着她的纤手,由衷地赞叹:"你依然那样楚楚动人!"

她显得很激动,说:"昔日满腔的悲恸,今日化为了安恬。"

谁记忆中的青春从未凋零过?谁是谁二十五岁那年的藏品?一句"我属于你远久的往昔,是二十五岁那年的伤悼"，泰戈尔对卡丹巴丽的怀念之情跃然纸上。

如果说《首次伤悼》温馨中透着淡淡的哀伤的话，泰戈尔在 1938 年创作的《萨玛》则是剪不断的美好记忆：

> 她的肌肤光润、黝黑，
>
> 一串珊瑚项链在颈上挂垂。
>
> 我惊奇地暗暗凝视。
>
> 娇柔的少女
>
> 磊磊大方，左顾右盼，
>
> 大大的眼圈涂着乌烟。
>
> 年龄与我相仿。
>
> 至今历历在目，那初逢的情状：
>
> 南门洞开，扁桃树梢浴于明丽的晨光。
>
> 嫩绿的密叶在淡蓝的天底下恬然舒张。
>
> 素雅的纱丽裹着她娇小的身材，
>
> 脚面上遮着褐色下摆，
>
> 圆匀的手腕戴一对金镯——
>
> 这相貌，仿佛在一个闲暇的中午
>
> 所读的小说中见过。她一声呼唤，
>
> 像上苍随随便便
>
> 在少年的梦中

布置可望不可即的蜃景。
她全身透溢的温柔
在我的心头
投下轻渺、可感的影子。
我鼓不起张口的勇气，
懊恼的心里轻轻嗟叹：
"她很远，离我很远很远，
像远处希里斯花的幽香一绺
渗进我幽深的灵魂的宫宇。"

一天做木偶戏：喜结良缘，
呈上了书写年庚的香笺。
应邀在场的观众欢笑、哗喧。
年幼的我天性腼腆，
默忍局促的折磨，虚度了黄昏。
记不清她给了我什么礼品，
只见她步履轻捷，忙忙碌碌，
褐色下摆绕着她曼舞。
乜视那夕晖是何等笨拙，
被她的金镯牢牢拘锁。
听着她轻柔的叮咛，
我回转卧室就寝，
时至午夜，心窝犹回荡着她的话音。

渐渐地

彼此间有了不拘礼节的熟悉。

她的乳名随后

流出了我的口。

疑虑烟消云散，

玩笑中进行着闲谈。

有时，缜密的恶作剧

招致佯装的生气；

有时，辛辣的嘲弄，刻薄的言词

掷给对方数日的忧郁；

有时，无根据的指责

犯下可爱的爽过；

有时，见她不用心梳妆，头发蓬乱，

忙于烹饪，不感到羞惭。

她那女性聪慧的强烈的骄矜

每每讥诮我男性固有的愚蠢。

有一回她说："我会看手相。"

说罢细细端详我的手掌。

惊异地说："你的禀性未打上爱的印记。"

我怅然，良久无语。

她不知触摩的真正奖赏

纳莉妮，终生的爱　第四章

驳斥了谬误，证明了责怪的荒唐。

然而，始终难以铲除
不得心心相印的愁苦。
彬彬有礼的距离从未凋萎，
靠近只让人品尝靠不近的无穷苦味。

哀乐交汇的时日
伴残阳在西山坠逝。
暮春天空清澈的蔚蓝胶凝，
秋日的朗晴
在金黄的稻穗上吹响安息的唢呐，
载货的人生之舟在虚无的梦河缓慢进发。

1938 年，泰戈尔 77 岁。此前一年，泰戈尔得了一场重病。从昏迷中醒来后，卡丹巴丽的形象常常出现在他眼前；年少时与这位嫂子交往的点点滴滴，也不断地涌上心头。他认为，自己在昏迷中已经接近了死亡的边缘，与死亡擦肩并不痛苦，因为离卡丹巴丽近了。

从那以后，76 岁的泰戈尔常常活在回忆中，不过有所不同的是，他除了像一般老年人那样沉思、做梦和唠叨外，怀旧之情还成了其文学创作的源泉。其中，卡丹巴丽对他的影响，再次在生命中喷薄。他对人说，卡丹巴丽是"诗人心中的诗人"；他唠唠叨叨地对身边人说，如果一个人没有嫂子，就缺乏了生命中最主要的礼物之一。他晚年在回忆录里有这样的表述："自然之美在我的泪眼前呈现出更加深刻的意义。卡丹巴丽的逝去将我推到必要的距离，从整体上来看诗、人生和世界。"

年老的怀旧，不必再隐瞒年轻时心中的秘密，《萨玛》写出了卡丹巴丽与他真实的情感。从他与卡丹巴丽最初相见时的倾心，到共同游戏时的快乐和不能超越界限、心心相印的苦恼，只是在心中暗暗嗟叹，她"离我很远很远"，"彬彬有礼的距离从未凋萎，靠近只让人品尝靠不近的无穷苦味"，透着一种无奈。但是，谁又能说清楚这种无奈是爱情还是亲情？

活在回忆中是一种幸福，但年迈的泰戈尔更希望去接近死亡，因为这样他就可以与卡丹巴丽在一起了。他在诗中写道："呵，你这生命最后的完成，死亡，我的死亡，来对我低语吧！天天地在守望着你；为你，我忍受着生命中的苦乐。我的一切存在，一切所有，一切希望，和一切的爱，总在深深的秘密中向你奔流。你的眼睛向我

纳莉妮，终生的爱　第四章

最后一盼，我的生命就永远是你的。"

正是由于对卡丹巴丽的怀念，泰戈尔写下了富有感情色彩的回忆录《我的童年》，儿时生活的孤寂和五嫂出现之后的游戏欢乐，都洋溢在字里行间。

有泰戈尔研究者认为，不能忽视泰戈尔与卡丹巴丽的这段情感。从这段情感中可以看出，泰戈尔心目中的爱情理想是半人半神之爱，这与毗湿奴派诗歌的影响是分不开的。它不但能够将世俗的爱上升为对神的爱，而且能够体现在具有非凡魅力的异性身上。这成了泰戈尔诗歌的风格，并在他的宗教抒情诗中体现得最为充分。

安娜，纳莉妮

如果说，泰戈尔对卡丹巴丽的爱恋是一种半人半神之爱，那么他与安娜的爱情则是一段世俗的恋情，也是他的初恋。这段恋情发生在泰戈尔住在阿赫默德巴德的时候。

在阿赫默德巴德，是泰戈尔跟随二哥做出国前准备的时期。那一年，他 17 岁。当时，二哥每天忙于业务上的事情，等他回过神来之后，觉得应该让泰戈尔住到一个更具英国情调的家庭中去。于是，他联系了孟买的一位朋友，把泰戈尔送到了孟买。这位朋友家里有一个刚刚从国外回来的美丽姑娘，名叫安娜。一个与泰戈尔年纪相仿的姑娘便成了他的英语老师。

安娜是一个美丽而善良的姑娘，她从小在英国长大，曾跟随父亲游历各国，不仅讲得一口流利的英语，而且还熟知英国的风土人情。她与泰戈尔一见如故，把他当作一个可以信赖的朋友。在辅导泰戈尔学习英语的过程中，安娜发现他聪慧敏捷，学习进步很快。

可是，有一段时间，安娜注意到泰戈尔的学习成绩急剧下降，而且心事重重，眼神忧郁。问及原因，泰戈尔告诉她，他得到了从加尔各答传来的消息，说他大姐已身患重病，他思念大姐，进而又思念起家乡的亲人们。但他马上要去英国了，不能回乡探亲访友，不免黯然神伤。

安娜以其女性的细腻情感，给泰戈尔送去了关怀和理解。她陪他散步，给他讲在一些国家旅行的风俗和趣闻轶事。有一次，泰戈尔对安娜说起他两岁时大姐给他洗澡，曾预言他是家族中最有出息的人。安娜听了，趁机开导他说："你要成为一个有出息的人，应当到外面去见见世面，这对你的诗歌写作是大有帮助的。你应当努力去实现大姐的愿望。"泰戈尔听了很受启发，渐渐地安下心来。

面对安娜这样一个时尚、美丽而又热情的女子，懵懵懂懂的泰戈尔逐渐暗生情愫，他开始想办法来赢得安娜的好感。思来想去，自己最大的优势就是才华，只能通过炫技的办法来博得安娜的欣赏，果然颇有成效。他告诉安娜，自己是个诗人，还出版了一本诗集《诗人的故事》。

《诗人的故事》是泰戈尔在《婆罗蒂》上发表的一首长篇叙事诗，由一个喜欢这首诗的朋友出版，并寄给了在阿赫默德巴德的泰戈尔。

这首长篇叙事诗讲述了一个凄婉的爱情故事：男主角是诗人雪莱，少年时一直生活在大自然的怀抱，十五六岁时，他希望与人交往，因为"人心一直在探索着人心"，诗人渴望去探索人心。他遇到了美丽的少女纳莉妮，他们生活在一起，享受着爱情的快乐。可是，诗人还是想继续去探索人心。他离开了纳莉妮，继续四处漂泊，寻求关于人生、关于幸福的答案。

然而，这种寻求给雪莱带来了更多的困惑，他决定回到纳莉妮身边。可是，纳莉妮此时已经重病在身——他的离去让她一直在情感中饱受折磨，不久即告别人世。此时，雪莱才明白，自己所寻求的关于人生、关于幸福的答案，就是纳莉妮对自己的爱！可惜一切都为时已晚。

泰戈尔晚年时，对这部作品并不满意。他说："这是作者在世界上除了他自己的模糊夸大的形象以外，没有看到其他事物的时期的产物。因此诗里的主人公当然是个诗人，并不是作者的真我，而是他所想象或者冀望的自己。说他希望他做到他所描写的那样，也是不对的；这更代表他认为人们对他所期望的，就是会使世人点头赞叹说：'对了，真是一个诗人，正该这样。'在这诗里有普遍的爱的绚烂的渲染，这是幼芽诗人的得意的主题，这主题讲来十分堂皇也十分容易。当任何真理还没有在一个人心里发光，别人说过的话是我们仅有的存货的时候，表现上的简单和抑制都是做不到的。那么，在竭力夸大那本身就是真正伟大的东西之中，就不可避免成为一个奇怪可笑的展览。"因此，他并没有将之收入自己的作品集中。

不过，在他与安娜相识的那年，这毕竟是他第一部出版的作品，用以博得所喜欢的女生的好

纳莉妮，终生的爱 第四章

101

感是足够的。他从安娜钦佩的目光中得到了安慰，尤其是安娜读到诗集后的神态，更让他莫名地兴奋。

安娜对他说："你给我也取一个别名吧。"泰戈尔就把《诗人的故事》的女主人公的名字给了安娜："你是我心中的纳莉妮！"为了表达对这位现实中的"纳莉妮"的情感，他还把这个名字镶嵌在字句中写成了一首诗，声情并茂地朗诵给她听。

成了"纳莉妮"的安娜，对泰戈尔也产生了异样的感情。既然自己成了《诗人的故事》的女主角，安娜就多次请求泰戈尔为她朗诵这首长诗，并翻译成英语，泰戈尔欣然应允。后来这首长诗以单行本出版，泰戈尔最小的哥哥按照居住在英国的小兄弟的意思从加尔各答寄给她一本。她收到了这本小册子，写信给泰戈尔表达谢意："这首诗你不知为我朗读了多少遍，翻译了多少次，以致我能够背熟它。"她对泰戈尔创作的不少诗歌都给予鼓励，而她最喜欢的就是纳莉妮这个人物。

安娜开始主动接近泰戈尔。有一天，她在教英国生活习俗时告诉泰戈尔，英国有一个风俗，如果男人能偷到熟睡的女人的手套，就有权吻她。说罢，就把手套放在旁边，然后安静地躺在安乐椅上，渐渐进入酣睡状态。

泰戈尔虽然在一个具有传统色彩的家庭里出生并长大，"男女有别"的观念从小就被灌输在他的意念里，但一个17岁的少年，即使再天真再淳朴，也会明白安娜的意思，不过，他看着安娜故意睡着，还是一动没动。"她躺在安乐椅上，我突然看到她酣睡着。一睁开眼，她就向自己的手套飞快地瞟了一眼，却发现手套原封不动地搁着，任何人也没有动过偷它们的念头。"安娜失望的神色，让泰戈尔感到了自己的怯懦。

一天黄昏，他俩在郊外散步，泰戈尔随口作了一首咏景诗。安娜称赞道："写得漂亮极了，跟你的人一样。唉，要是你能经常在我身边写诗，那该有多好啊！"这几句话明确地表达了姑娘的爱慕之情。泰戈尔听了，内心一阵激动，他情不自禁地握住姑娘的双手，很想对她倾吐自己的爱意。然而，他一想到自己即将远离祖国，一去就得好几年，便怕因此耽误姑娘的青春。而且他还听二哥说起过，这几天安娜的父亲正为她准备订婚而忙碌着。他迟疑了，终于失去了向姑娘求爱的勇气，给自己留下了一个苦涩的果子。

这天夜里泰戈尔失眠了，他听到隔壁安娜的房间里翻身的声音。他披衣坐起，看着窗外银河的光辉，内心起伏不已，浮想联翩，挥笔写下了这首诗："我梦见她坐在我头的旁边，手指温柔地撩动我的头发，奏着她的接触的和谐。我望着她的脸，晶莹的眼泪颤动着，直到不能说话的痛苦，烧得我的睡眼，如同一个水泡……我不知道她在这个时候，有没有和我做着同样韵律的梦。"

两个月以后，泰戈尔乘上了开往英国的轮船。临行前，安娜为他送行。码头上，泰戈尔向安娜深深地鞠躬，深情地说："纳莉妮，再见了，望你珍重！"这时，他突然看见姑娘眼睛里闪烁着晶莹的泪花。

这一别，就是一生。从那以后，泰戈尔再也没有见过安娜，而"纳莉妮"这个名字却一再出现在他的诗歌里，出现在他的生命里。

不久，安娜被迫出嫁，对方是一个比她大20多岁的男人。在这种没有情感的生活中，安娜终日忧郁伤感，还常常躲着哭泣，不到一年就在孤独寂寞中死去了。

泰戈尔得知安娜的死讯，是在1880年他回印度的途中。他无法再向安娜倾诉自己的情感，只有手中那本没有写完的《破碎的心》的剧本，可以代表他此时的心情。他来到安娜的墓前，将他深深的忏悔告慰给所爱者的灵魂："当世界的万物消失不见了，你却完全重生在我的忧愁里。我觉得我的生命完成了，男人与女人对于我永远成了一体。"

对于作家来说，怀念一个人、一段恋情的最好方式，就是在作品中让这个人重生，让这段恋情再现。于是，安娜成了泰戈尔未完成的作品《破碎的心》的"纳莉妮"。不过，这个纳莉妮是以一个冷若冰霜的"冷美人"的形象出现的：

故事的男主角毫无例外的还是一名诗人，他有一个青梅竹马的女友莫勒拉，诗人暗恋着她；她也对诗人情意绵绵。朦胧的情感，让这对恋人陷入深深的痛苦之中。在此期间，诗人又邂逅了一位名叫纳莉妮的姑娘，两人一见钟情。但是，纳莉妮是个"冷美人"，她戏弄着别人的情感，却从不奉献出自己的心。诗人失恋了，在痛苦中回到莫勒拉身边。可是，莫勒拉已经死去。而失去了诗人后，纳莉妮的冷酷的心也碎了——"我戏弄别人的心，突然间，也失去了自己的心。在别人的痛苦里也见到了自己的一颗痛苦的心"。

此后，泰戈尔对安娜的思念与日俱增。他在回忆录中写道：

> 有些年头，在加尔各答，一些奇异的鸟儿飞来，在我们那棵榕树上筑巢，我还没有很好地学会它们展翅的舞姿，它们就飞回去了，但它们是带着遥远森林里的异常奇特和迷人的音乐飞来的。同样，在我们的生活旅程中，不知从什么陌生的方向飘然而至的女神，向我们倾诉自己心灵的语言，开拓我们心灵力量的界域。她不经召唤而来，最后当我们开始召唤她时，她却消失得无影无踪了。但是，她走时已在我枯燥的经纬线上绣上了瑰丽的花边，使我们日夜充满幸福。

泰戈尔在 80 岁高龄时，又想起了这段生活。他再次细致地回忆了与安娜的交往："我的收获是平淡无奇的，如果她轻视我，是不能责怪她的，然而她没有这样做。由于我没有任何书本知识的宝库可以赠给她，所以第一次见面时我就告诉她，我会写诗。我唯有这点资本可以招徕别人。当我告诉她自己有诗歌创作天才时，她没有表示丝毫的怀疑和讥讽，而是轻易地相信了。她要求我给她起个独特的名字，我为她选择了一个，她十分喜欢。我想把这名字编织在自己诗歌的音乐里，所以我为她写了一首诗，把她的名字写进诗里。当我用激昂的语调吟诵那首诗给她听时，她说：'诗人，我想，假如我躺在临终的床榻上，你的歌声也能使我起死回生。'女人知道用什么样的夸张手法来歌功颂德，博得别人的欢心，这是一个很好的例子。她为了使我高兴才这样做的。我依稀记得，我最早是从她那儿听到对我长相的赞扬，她用十分温存的方式表达了那种赞美。比如有一次，她严肃地叮咛我，叫我决不要留胡须，说不要让别的东西遮蔽住脸庞。众所周知，我没有听从这个劝告，不过她没能活到目睹我的脸庞违背了她的指令的日子。"

初恋，让泰戈尔终生铭心刻骨。那些青春年少的岁月，大概每个人心中都曾有过一个安娜。我们总是忘不掉生命里第一次爱的人，无论是苦还是甜，最后留下的回忆永远都是美好的。

帕兹达列妮，纳莉妮

泰戈尔回国后，已经到了婚配的年龄，家里

107

的人开始为他操办婚事。但是，泰戈尔对此却不积极。他经常能够看到卡丹巴丽忧郁的目光，因为这目光，他更不愿意谈论婚事。

当然，卡丹巴丽的忧郁，多半不是因为重新见到了童年的玩伴因为"男女有别"的习俗而隔开的距离，而是担心丈夫。"大仙"归隐后，把乔拉桑戈的家业交给她的丈夫经营，但充满文学激情的丈夫显然不是经营工商业的好手。自从接管家族事业后，他充满激情地拓展业务范围，但恰恰因为规模过于庞大而使家庭陷入了困境。"大仙"对此很失望，他准备将振兴家业的重任交给泰戈尔。但是，泰戈尔已经获得了"孟加拉文学的雪莱"的称号，他对文学的痴迷已经到了不能自拔的程度，当然不愿陷入这些琐事中而影响自己的文学创作。

当然，泰戈尔对婚姻不热衷，还与对那时印度所盛行的婚配制度的抗拒有关。

在印度，不同种姓之间是不能通婚的。这种种姓婚配制度，从形式上来说，只能是封建式的包办婚姻，而损害儿童身心健康的童婚陋习则是对女性的戕害。泰戈尔赞美和向往青年男女自由恋爱式的婚姻，这种恋爱观在他的作品中常常有所体现。

《新郎与新娘》是泰戈尔创作的一篇短篇小说，作者在这篇小说中塑造了一个敢于反抗父母包办婚姻的青年形象。父亲让朱克多·绍诺特库马尔与一个婆罗门富翁的女儿结婚，被他拒绝了。他顶撞父亲说："从小时候起，您就教育我——吃饭、睡觉、走路、回家都要自立；而现在，到了结婚的时候，为什么倒不让我自立了呢？"父亲一气之下，将他赶出了家门。尽管在婚姻问题上这位青年经历了周折、坎坷，最终也没有结婚，但他并不后悔。

小说中的情景，大致是泰戈尔与"大仙"关于婚姻讨论时的一幕。但是，现实生活中呢，他无能为力，因为"大仙"在这个家族的权威是独一无二的，他无法抗拒。"大仙"认为，既然自己能一边从事宗教活动一边进行工商业的经营，这二者并不相互冲突，那么泰戈尔为什么就不能既从事文学创作也管理家业呢？他固执地认为，泰戈尔不愿意接手家族产业的经营，是因为他没有结婚，心太野，因而就不会有承担起家族兴旺的责任感。于是，在"大仙"的主持下，为泰戈尔选择一个媳妇就刻不容缓。

纳莉妮，终生的爱　第四章

泰戈尔家族为低等婆罗门，正统婆罗门不屑和他家通婚，他的配偶只能在同等级中寻找。秉承"大仙"的意旨，泰戈尔的二嫂和五嫂帮助挑选。选来选去，最后他们选中了曾经在泰戈尔家族的公司中当职员的书利玛塔次·拉叶乔塔利的女儿，名叫帕兹达列妮，当时只有 10 岁，住在离加尔各答数百里远的小镇吉夏兰。

　　帕兹达列妮长得并不漂亮，只上过一年学，也只是读了一年的孟加拉语，几乎是个文盲，和泰戈尔当然不般配。"大仙"不满意，但由于选择范围实在太有限，只要能门当户对，其他条件都很次要了，因为这不过是给儿子娶媳妇过日子罢了。至于感情，根本就不在考虑的范围。

　　泰戈尔更不满意，但他无法反抗。他知道，他需要的也仅仅是婚姻而已，娶个女人过日子，只要能帮助家庭就行。但是，在婚礼前后，他还是将这种不满通过各种"小手段"发泄了出来。

　　婚礼日期定下来后，泰戈尔亲笔给自己的好朋友普里耶那特·森发出请柬。这是一张非常别致的请柬，请柬的顶端是旭日东升的一幅画，下边是铅印的著名诗人莫图舒顿·德多的一首非常著名的诗《自我哀伤》中的一句——"啊，在理想的骗局中我忘记了得到过什么"，旁边则是泰戈尔的手书："不是我的格言。"这种表达方式令人难以琢磨，而从请柬内容上看，则近乎滑稽。泰戈尔是这样写的：

> 亲爱的先生：
>
> 在阿格拉哈扬月 24 日，即下个星期日那个吉日良辰，将为我的亲密朋友——尊敬的罗宾德拉纳特·泰戈尔举行幸福的婚礼。为此您能于上述之日的晚上光临乔拉桑戈的代温德拉纳特·泰戈尔府邸的第六号楼观赏婚礼，将会使我和我的亲属十分感激。
>
> 此致
>
> 忠诚的罗宾德拉纳特·泰戈尔

自嘲式的调侃，不难让人读懂：结婚这件事在泰戈尔心中充满了滑稽，甚至是一件荒唐的事情。他对婚姻的不满，也在这种调侃中发泄出来。

1883 年 9 月 11 日，泰戈尔在乔拉桑戈老家举行婚礼。他的愤懑情绪再次展现。赫摩洛达女士（后来成为诗人大哥的长子迪本德拉纳特的第二房妻子）参加了婚礼，她在《罗宾德拉纳特的新婚洞房》一文中写道："这个家里的男孩子罗宾德拉纳特的婚礼，是以很普通的家庭方式举行的。婚礼上并没有宏伟壮观的场面。家里有一件贝拿勒斯披肩——不论谁结婚，这件披肩都是打扮新郎的装饰品。罗宾德拉纳特来到自己家西面的游廊里，随后走进内室大厅参加婚礼——那里放着女人使用的东西。罗宾德拉纳特身披那件新郎披肩走进来，站在低矮的木台上。新娘子的亲人——大家都叫她'大衮利的媳妇'——向罗宾德拉纳特表示欢迎。她穿着一件红色的镶有金丝的贝拿勒斯纱丽。"接着赫摩洛达描写了新婚夫妇围绕着火堆转七圈的婚礼仪式。

在新房里举行往盘、碗里装米豆仪式的时候，泰戈尔则恶作剧般地将所有陶盘、陶碗都反扣过来。他的小婶子特里普拉荪多丽问他："罗宾，你这是在干什么？这就是你做的装米豆仪式？你为什么把这些陶碗都反扣过来呢？"泰戈尔回答说："婶子，你不知道，一切都被颠倒过来了，因此，我也把这些陶碗反扣过来。"

也许；在婚姻操办的过程中，泰戈尔与父亲"大仙"有过冲突，引起过"大仙"的反感，所以这场婚礼是草率进行的。婚礼由五哥主持，"大仙"竟然没有出面，二哥一家也没有出席。"任何猜测也许都不恰当，但罗宾德拉纳特这门婚事进行得十分草率是确定无疑的。这门婚事办得仿佛仅仅是为了维护习俗，没有显出任何欢乐的气氛。"克里希那·克里巴拉尼评价说。[1]

婚后，泰戈尔的另一个举动也让人颇费思量。他认为新娘的名字帕兹达列妮比较俗，缺乏意韵，于是给她改名为"穆里纳莉妮"。

又是"纳莉妮"！泰戈尔曾经用这个名字在《诗人的故事》里罗织爱情的锦绣，曾经把这个名字送给他的初恋情人安娜，也曾多次在作品中写下这个名字。他把这个名字送给新婚的妻子，是对既往逝去的爱的追忆，还是对新娘抱有某种期待？希望这个比他小12岁的"小媳妇"给自己的人生注入新的激情？

不过，这个"小媳妇"并没有考虑那么多，出于对丈夫的崇敬，她高兴地收下了这一宝贵的礼物。在她看来，这是丈夫接受自己的开始，也是她幸福生活的开端。

泰戈尔与这位新的纳莉妮一起生活了近20

①[印度]克里希那·克里巴拉尼:《泰戈尔传》，倪培耕译，人民文学出版社2011年版，第89页。

纳莉妮，终生的爱　第四章

113

年，她为泰戈尔养育了 5 个孩子——3 女 2 男，大女儿玛图莉莱达、二女儿莱努卡、三女儿密拉，长子罗提德拉纳特、小儿子绍明德拉纳特。她尽心尽力地相夫教子，担当起妻子的责任。

但是，很多泰戈尔的研究者都注意到一个事实：在泰戈尔的回忆录中，这位相伴自己将近 20 年的纳莉妮似乎从未出现过。换句话说，泰戈尔从不提及自己的婚姻，也从没有描述过妻子的行状，仿佛这个人从没有在他的生活中存在过！

猜测也随之而来。有人认为："事实上，泰戈尔不过是娶了一位妻子，这只是他一生中一次不太重要的事件，或许这位妻子从来就没占据过他的心灵。他们之间仿佛有一条巨大的鸿沟，实在没有办法填补，哪怕是缩小差距。"

这种猜测有道理吗？

爱情是最令人津津乐道的一种情感。什么是爱情？众说纷纭。泰戈尔怎么看？他在诗中写道："爱情啊，你提着点亮的痛苦之灯走来，我看你的脸，满是极大的幸福。"他又写道："恋爱的痛苦，有如把我的生命困在深海中歌唱；恋爱的喜悦，有如鸟儿在花丛间跃唱。"只有爱情，也仅仅只有爱情，才能把幸福和痛苦这对看似矛盾的情感浇灌在一个人的身上。

"鸟儿认为，把鱼儿带往空中飞翔，是在做善事"，泰戈尔这句诗倒是很适合那些对泰戈尔的婚姻说三道四的研究者们。按照自己的理解去解读别人的爱情与婚姻，往往会陷入"我注六经"的空虚。从我们下面铺排的事实看，泰戈尔称之为"小媳妇"的纳莉妮，实际上是泰戈尔一生的真爱。

"我一直都在，爱"

10 岁的纳莉妮，在成为泰戈尔的"小媳妇"时，显然还是一个懵懂无知的小女孩。即使印度炎热的气候会催人早熟，但一个 10 岁的孩子的身心毕竟仍然属于孩子。即使她再有文化——可是一个 10 岁的孩子怎么可能与大她 12 岁的人一样有文化？也不可能与 22 岁的成年男子"谈恋爱"。所谓诗人的浪漫，所谓爱情的浪漫，无论如何也要在女孩子成年后才能实现，而她承担起相夫教子的责任更是要在若干年以后。所以，如果泰戈尔在婚后就期待这种感情的浪漫，无异于痴人说梦。

幸运的是，泰戈尔并不这样期待，他尽心尽

力地为这个"小媳妇"提供在读书中成长的机会。他的父亲"大仙"也大力支持对这个小儿媳妇的培养。在泰戈尔结婚两个月后,"大仙"就从外地写信给泰戈尔,要他把"小媳妇"送到洛雷特学校去学习英语,并且嘱咐儿子,为了让纳莉妮进步快一些,要他与学校协商,不与女学生们在一起上课,让学校单独给她开课,开小灶。这样,1884—1885年,纳莉妮在洛雷特学校学习了一年英语。她的英语水平基本上与乔拉桑戈家族的文化要求相符合了——"大仙"固执地认为,泰戈尔家族的媳妇不懂英语,有辱家门,纳莉妮的英语水平达到了摆脱"有辱家门"的水平。

泰戈尔又聘请原始梵社的著名学者赫姆琼德罗·比代罗特诺做纳莉妮的老师,教她梵语和孟加拉语。纳莉妮进步很快,经过一段时间的学习后,她的母语——孟加拉语的水平有了很大的提高,她不仅掌握了基本的语法知识,还达到了翻译印度名著《罗摩衍那》有关部分的水平。其后,在她丈夫的侄子博棱德拉纳特的帮助下,纳莉妮继续学习。她非常聪明,学习也非常刻苦。她还学会了弹钢琴和演戏,曾成功出演了泰戈尔的戏剧《国王与王后》。

泰戈尔像辛勤的园丁一样，耐心地培育"小媳妇"，让她在成长中吸收知识的养料。如果说，在结婚时他对纳莉妮还有所排斥的话——这种排斥也是可以理解的，有哪个成年男子愿意娶一个10岁的媳妇呢？那么，伴随着他的尽心呵护成长起来的"小媳妇"，已经完全被泰戈尔接纳。而与此同时，泰戈尔也接纳了既平静又温馨的婚姻生活。

　　　星期日夜间我感到魂不附体，我发现自己抵达了乔拉桑戈，你睡在大床一侧，贝莉和贝皮（他们的孩子）睡在你的身旁。我怀着无尽的爱意抚摸你，在你耳畔轻声慢语说："小媳妇记住，今天夜间，我离开躯壳，前来看望你。当我从国外归来，我将考问你：你是否感觉到我的出现。"然后，我吻了贝莉和贝皮，就回转去了。

　　这是泰戈尔一次外出旅行时写给妻子的信。其中所透露出的柔情与温馨，不是爱情是什么？

　　　你从来不为了使我高兴而企图做更多的某种事情——内心里有爱就足够了。假如你和我在所有事情和所有想法上都和谐融洽，那是最好不过了，但是谁都不能有这样的奢望。如果你能够和我一起参加各种事情和各种学习，我会高兴的——我可以把我想了解的一切统统都告诉你，如果你也能够和我一起学习我想学习的东西，那是非常快乐的。在生活中如果两个人在所有事情上都企图一起进步，那进步就会容易些——在任何事情上我都不想排斥你，但是我担心，那样会逼迫你的。每个人都有各自的兴趣、爱好和权利，你手里没有使你自己的一切嗜好习惯完全迎合我的兴趣和爱好的权利，可是你对此毫无怨言地用挚爱和关心让我的生活变得甜蜜——企图使我摆脱不必要的痛苦烦恼——这种努力对我来说是非常珍贵的。

这是泰戈尔《书信集》中给妻子的第24封信。他尊重"小媳妇"自己的"兴趣、爱好和权利"，他享受着因为有她而"生活变得甜蜜"的一切。如果他对纳莉妮没有一份爱的包容，如果妻子的爱没有打动他的心，他又如何能写下这样动人的、情意绵绵的话语呢？

1902年3月，泰戈尔一家在圣蒂尼克坦安顿下来。纳莉妮全力支持丈夫的办学事业。为了缓解经济上的困难，泰戈尔几乎卖光了自己一切有价值的东西。为了帮助丈夫维持学校的开支，她将自己所有的金银首饰都交给丈夫变卖了，并且承担起照顾学生们饮食的义务。

然而，灾难突然降临了。这一年的 6 月间，穆里纳莉妮病倒了。在她生命的最后两个月里，泰戈尔赶走了护士，一直亲自守候着她，昼夜不停地为她摇着扇子。

尽管如此尽心，死神还是降临了。弥留之际，纳莉妮清醒地知道她将告别人世。他们的长子罗提德拉纳特在回忆录中写道：

> 在医生丧失希望之前，母亲心里已经明白，她的死期将临。当我最后一次到她的床边时，她已经不能说话，但看到我，泪珠突然从她的眼眶里滚了出来。
>
> 次日清晨，我们来到妈妈房间的阳台，一片不祥的寂静笼罩着整个家庭，好像在深夜，死亡的阴影已经蹑手蹑脚地潜入家里。

傍晚，悲痛中的泰戈尔，给妻子穿上一双拖鞋，为爱妻献上最后的柔情。

1902 年 11 月 23 日，纳莉妮在乔拉桑戈泰戈尔家族的府第病逝，年仅 28 岁。

清理妻子的遗物时，泰戈尔发现了他写给她的一沓信札。这些信札按时间顺序，一封一封地摆在一起。很显然，她一直小心翼翼地保存着。看到妻子对自己如此钟情，他心潮起伏，思绪万千。好几个夜晚，"泰戈尔像一只受伤的野兽不与任何人说话，通宵达旦在阳台上徘徊"，严禁家人打扰。

对于一个诗人来说，表达悲痛欲绝的情感，寄托对妻子的思念之情，写诗是一种最好的方式。他挥泪写下 27 首诗，1903 年，以小诗集《追忆》的形式出版。

诗中，泰戈尔叙说了自己悲痛的心情：

> 今天光明在宁静的床榻上，
> 变幻成巨大悲哀的黑暗。
> 我通宵醒着，坐在痛苦的床边。
> 长夜逝去，晨曦莅临。

诗中，泰戈尔想弥补妻子为自己为家庭所付出的一切，但他唯一能够做到的，就是把这种愿望向上帝诉说：

> 她活在人间，

不断给予我一切。
我如今将偿还她的礼物，
在哪儿摆放这个奉献？
她夜间还在人世，
上帝清晨却把她带走。
我今天只能把感恩的礼物，
奉献在你的面前。

诗中，泰戈尔写下了对妻子撕心裂肺的思念：

悲怆的深夜，你默默出屋，
踏上从未走过的陌生的路。
动身的时候你默然无语，
未收下任何人的送别辞，
踽踽步入沉睡的世界——
不见你的身姿，在漆黑的子夜，
你那为我熟稔的温和的容颜
隐入数不清的繁星之间！

你就这样空手归去，
不带一样家里的东西？
二十年你苦乐的负重
丢在我的怀里，你独自远行。
多少年你吉祥的双手以爱情

建立起来的美满家庭，

充满你真挚的温柔，

今宵永别，什么也不带走？

······

一个问题在脑海萦回：

哦，爱妻，你先于我远归。

　　这种思念常常让泰戈尔活在无望的希望之中，并把这种情感无望地向主诉说。有诗为证：

在无望的希望中，

我在房间里的每一个角落找她；我找不到她。

我的房子很小，一旦失去了东西就永远找不回来。

但是你的房子是无边无际的，我的主，

为着找她，我来到了你的面前。

我站在你薄暮金色的天穹下，向你抬起渴望的眼。

我来到了永恒的边涯，在这里万物不灭——

无论是希望，是幸福，或是从泪眼中望见的人面。

呵！把我空虚的生命浸到这海洋里吧！

跳进这最深的完满里吧！

让我在宇宙的完满里，感觉一次那失去温馨的接触吧！

这一年，泰戈尔 41 岁。作为已经名满印度的著名诗人，他如果想续弦，是轻而易举的事情。但他终身未再娶，他以这种残酷的方式，固守着对妻子的爱。

"有一个字，你没问，我没说。啊，世界，当我死时，我要说，我一直都在，爱。"

"纳莉妮"，他的"小媳妇"，就是泰戈尔心中的爱！

第五章
摘得诺贝尔桂冠

"阳光照进洞窟来了！"

1880 年，泰戈尔回到印度后，约有 15 年左右光景，进入了文学创作的井喷阶段。

虽然泰戈尔赴英国留学的时间只有一年半，而且在正规的伦敦大学学习时间不足一年，但是，西方文学深深地吸引了他。莎士比亚、弥尔顿和拜伦等著名文学家的作品，成为给他带来"最深的热情的力量"。在回国后的文学创作中，这种热情的力量融入到了他的思维之中。此后，他的作品突破了单一本土思维，无论是创作的方式还是作品的内容，都有了世界文学的元素。

泰戈尔的研究者认为，1881—1891 年，是泰戈尔文学创作道路相对成熟的 10 年。这 10 年中，泰戈尔创作了多部作品，既有音乐剧和诗剧，也有诗集和小说，当然，诗歌创作是他创作的主体。

在这 10 年间，泰戈尔正处于一个把"甜蜜的悲哀"变成创作主要源泉的时期。什么题材最能传神地表达出一个青年的"甜蜜的悲哀"？当然是诗歌。诗人的少年时期是"强说愁"的呻吟，少年楼头，栏杆拍遍，"欲说还休"的思绪多半是无病呻吟或装腔作势的宣泄；而进入青年时期，"甜蜜的悲哀"则多来源于对生活、感情和世俗的真谛有了深深的感悟。

感悟令泰戈尔有了写诗的冲动。回国后几个月内，他创作了多首诗，结集成《晚歌》出版，这可以看作是泰戈尔青春年华的心曲流露。

诗集的开篇，泰戈尔采用拟人化的手法，把黄昏比喻成一位美丽而陌生的少女，她若隐若现的身影，弯腰向大地致敬，长长的辫子亲吻着大地，表达着自己的思绪："我精神上承受着痛苦的自负。来吧！夜幕，轻轻地向我走来，近一点，再近一点——我寂寞的心渴望把自己深深埋在你的怀抱里。"这些在傍晚时分唱响的心灵颂歌，具有象征意味的写法，凸显出《晚歌》充满着婉约、哀伤的基调。

青春期的落寞与张扬，拥抱着"甜蜜的悲哀"，焦虑地期待着释放："我们想象那时正在无缘无故的焦虑和漫无目的的渴求之中漫游。"晚年的泰戈尔在回忆录中这样描述他这一时期的情绪。

尽管从诗集的整体来看，有些情感的表达让人难以琢磨，拒绝释读，一首诗与另一首诗的水平也不尽相同，甚至有些参差不齐，但《晚歌》依然显示出泰戈尔高超的艺术创作技巧。这部诗集的出版，在孟加拉引起了很大的反响，好评如潮，评论认为，这是泰戈尔早期创作的重要作品。

《晚歌》创作完成后，曾经有一段时间，泰戈尔的身心进入了一个亢奋期。

某一天早晨，泰戈尔站在阳台上，看着初升的太阳从茂密的树丛中冉冉升起，暖暖的阳光照在他的脸上，让他的思绪仿佛进入了一个奇妙的境界，一个不可捉摸的灵魂融入万物的境界，他感到"美丽而欢快的波浪，好像要把我整个儿吞没似的"。连续4天，他都在这种非人非我的神奇世界里遨游，灵魂触摸着神的亲吻，心灵突然觉醒了。他在描述这种感情的《瀑布的觉醒》一诗中写道：

谁知道为什么今天我的心灵醒了，

我似乎听见遥远的大海的歌声。

啊！我的四周啊！怎样的一所暗牢！

不断地，不断地撞击呀！

啊！今天鸟雀欢唱，

阳光照进洞窟来了！

此后，泰戈尔感受到了身体和精神乃至灵魂上的自由：他一直封闭着的心，像冻结的冰川遇到初升的太阳，融化了，变成了澎湃奔流的瀑布。这种心灵上的自由，给他带来创作上的无我、无神，因为他已经与神灵有了某种精神上的契合。此后，泰戈尔就此主题写下了多首诗篇，形成了《晨歌集》。

这一次体验，让晚年的泰戈尔念念不忘："在《晨歌集》中，我庆祝了栅栏上的一扇门的忽然开启，我不知道是受了什么震动，通过这扇门我又见到了那个久违的人，这人本是旧识，只因被生生地拆开，现在我对他的认识显得更深刻更圆满了。"

《晨歌集》问世后，泰戈尔进入了创作的自由王国，这种自由的奔放的心灵创作，一直持续到他生命的终点。

献给爱的歌：《吉檀迦利》

曾经有人问泰戈尔："关于神灵你讲了那么多的话，莫非你真的相信？"

沉吟片刻，泰戈尔回答说："我只能说，只有当我沉浸于一首新歌里时，我格外深刻地和亲切地感受到他的存在。"

泰戈尔是怎样感受的呢？他在诗中写道：

当你命令我歌唱的时候，我的心似乎要因着骄傲而炸裂，

我仰望着你的脸，眼泪涌上我的眶里。

我生命中一切的凝涩与矛盾融化成一片甜柔的谐音——

我的赞颂像一只欢乐的鸟，振翼飞越海洋。

我知道你欢喜我的歌唱。我知道只因为我是个歌者，才能走到你的面前。

我用我的歌曲的远伸的翅梢，触到了你的双脚，那是我从来不敢想望触到的。

在歌唱中的陶醉，我忘了自己，你本是我的主人，我却称你为朋友。

为了能"走到"神灵的面前，泰戈尔成了"歌者"。对神灵的赞颂，也让泰戈尔获得了心灵上的纯净。

这种来自神灵的力量，给泰戈尔带来了源源不断的创作灵感。从1907年开始到1910年，泰戈尔感受着神灵的指引，创作了大量献给神的诗作，并在1910年出版，即著名的《吉檀迦利》。

"吉檀迦利"是印度语中"献歌"的意思，即献给神的诗歌，"献给那给他肉体、光明和诗才之神的"。这个"神"十分神秘，究竟"他是谁"，泰戈尔自己也模糊："真的，我说不出来。"不过，细读为诗集定下情感基调的第一首，人们便会发现，泰戈尔以欢快的笔调、清新的比喻，已经表现出对神的认知：

> 你已经使我永生，这样做是你的欢乐。这脆薄的杯儿，你不断地把它倒空，又不断地以新生命来充满。
>
> 这小小的苇笛，你携带着它逾山越谷，从笛管里吹出永新的音乐。
>
> 在你双手的不朽的按抚下，我的小小的心，消融在无边快乐之中，发出不可言说的词调。

129

你的无穷的赐予只倾入我小小的手里。

时代过去了，你还在倾注，而我的手里还有余量待充满。

其实，泰戈尔是用颂神的方式，以奇特的想象，以具有宗教隐喻意味的手法，抒发他的真情实感，这种感情就是贯穿诗集的那个"爱"字。所以，这是一部献给神的歌，也是一部献给爱的歌。

《吉檀迦利》是用孟加拉语写成的，1910 年出版后在印度文坛引起了极大的震动。这些朗朗上口的诗篇，成为知识界、文化界聚会上朗诵的文本，成为普通民众拜谒寺庙祈求幸福时对神灵的情感表达。作家和评论家们仿佛第一次认识到：伟大的文学家原来就在我们身边。

1911 年 5 月 28 日，在孟加拉文学委员会的主持下，孟加拉知识界为泰戈尔举行了 50 寿辰宴会，并授予泰戈尔荣誉奖状。这是该委员会第一次为孟加拉的作家举行寿辰宴会，他们是用这种隆重而热烈的仪式对泰戈尔的创作成就予以认可。加尔各答有名的英文版《现代评论》杂志报道了这次宴会的盛况："空前的祝贺——第一次给印度的文学家如此的荣誉。"

在这次生日宴会后，泰戈尔的一部小说也被

翻译成英文，刊登在《现代评论》杂志上。一位名叫威廉·罗森斯坦的英国人读后，深为其艺术所感染，情不自禁地拍案叫好。由此，他成为泰戈尔获得诺贝尔奖的重要推手。

推手威廉·罗森斯坦

威廉·罗森斯坦爵士是英国著名画家。1910年，他来到印度，在加尔各答逗留期间，他与泰戈尔的两位侄子——也是著名画家——成为好友。由此，他得以结识泰戈尔。

"每当我去乔拉桑戈，"罗森斯坦写道，"总是被他的叔父所吸引。他有着非常漂亮的身材，穿着洁白的衬衣和围裤，显得异常俊美。他经常静静地听我们谈话。我那时为他的堂堂仪表所吸引，提出要为他画像。因为我发现在他身上既有巨大的形体美，还有着内在美的诱惑，我努力用铅笔把它勾勒出来。他的叔叔是他自己那个时代的一个出类拔萃的人。然而，关于这一点任何人都没有暗示给我。"[1]

---

①[印度]克里希那·克里巴拉尼:《泰戈尔传》，倪培耕译，人民文学出版社 2011 年版，第 196 页。

这就是说，罗森斯坦根本不知道泰戈尔是个作家，而且是个誉满孟加拉的著名作家。这显然来自语言的阻隔。不会孟加拉语的他，不知道这些也理所当然。

可是，当罗森斯坦返回伦敦后不久，竟然读到了《现代评论》上发表的他熟悉的这位长者的小说。这一发现让他兴奋不已，他被泰戈尔的小说所吸引。当得知泰戈尔还是一位著名的诗人时，他更为在乔拉桑戈时没有和这位作家交谈而深感遗憾。

为了弥补这一遗憾，罗森斯坦写信给加尔各答的朋友，问能否多提供一些翻译的泰戈尔的作品。朋友给他寄去了泰戈尔的一些诗歌译作。这些译作不是正规的翻译作品，只是泰戈尔在圣地尼克坦国际大学的一位同事阿吉特·吉格尔瓦尔蒂因为喜欢而自行翻译的。即使如此，也让罗森斯坦惊叹不已："那些神秘主义的诗歌使我感受到比小说更具有惊人的艺术魅力。"

在此期间，罗森斯坦认识了两位印度人，与他们谈起了泰戈尔，并表达了希望他们邀请泰戈尔来英国的想法。两位印度人致信泰戈尔，坚持要他来伦敦，并说除了可以见到他们之外，还会遇到自己心灵的知音。

1912 年 3 月，泰戈尔决定接受邀请。不料在动身前，他突然病倒了，医生严禁他做长途旅行，他只好返回家乡疗养。

疗养期间，仿佛受到神灵的启示，一向用孟加拉语写作的他，忽然涌起了把自己的诗歌翻译成英文的想法。

14 岁时，泰戈尔从学校退学，并没有系统地学习过英语。即使在学校期间，他对英式教育也是抗拒的，他不懂一个印度人为什么要学 ABC。虽然后来家庭教师强迫他试着把莎士比亚的《麦克白》译成了孟加拉诗文，但也只是他的一点基础而已。这一点我们在前面已经说过。

16 岁时，泰戈尔倒是认真地读了一些英国文学名著，曾用英文写出论文《撒克逊和盎格鲁撒克逊文学》。17 岁时赴英国留学，一年半的时间他读了不少英文著作，英语水平有所长进，但由于基础薄弱，他远远没有达到可以熟练地用英语与英国人交谈的程度。

泰戈尔对于自己的英语水平心知肚明。在英国期间，他避免同陌生人来往，尤其是当需要用英语交谈的时候。因为他认为："这种交往对我

摘得诺贝尔桂冠 第五章

133

说来犹如一场跨栏赛跑。这过程过于紧张，致使一个人无法显露自己的本来面目。除非一个人能毫无障碍地表达自己的思想感情，否则，是无法真正如实地了解他人的。"显然，在英国人面前，泰戈尔对自己的英语口语能力缺乏自信。

在同中国学生魏风江谈话时，晚年的泰戈尔是这样评价自己的英文写作能力的："你认为英文帮助我得到诺贝尔文学奖奖金，我的英文就写得完美无缺了吗？我常常会把冠词和介词用错的呀！还有那些成语，其中有很多讲法与我们印度人的讲法大同小异，我有时也会用错。我早年看到印度人用英文写文章感到可恨；后来觉得只要不写买办文章，用英文写又有何妨。我是直到50岁以后，才开始用英文写作的，如果用错了几个字，就让我自己饶恕自己吧！"

鉴于上述原因，泰戈尔从没有想过要用英文创作诗歌。而在这次养病期间，他居然开始用英文翻译自己的《吉檀迦利》，连他自己也莫名其妙。他对来访者说："你谈起《吉檀迦利》的英文翻译。我至今不明白，我为什么会写它，不能想象公众会如此喜爱它。我从来也没有因为不能用英语写东西而感到羞愧，这个道理是不言而喻的。假如有人用英语写信请我喝茶，要我用英语回答他，是力不从心的。也许你想，我现在已经克服了这种疑惑。完全没有，我仍然对自己用英语写作一事感到疑惑。"他是这样解释为何突然想起翻译这本诗集的："从前，某种情感的和风唤醒了心中的欢愉情趣；如今，我只是想通过其他语言的媒介再次体验它。"

也许是泰戈尔与罗森斯坦这位"心灵的知音"有着心灵上的契合吧。

"我带着一个小本子，把它随身放在衣袋里。"泰戈尔继续说，"我本来打算，在茫茫大海里感到烦恼时，我可安逸地坐在甲板上，不时地翻译一首半首诗。情况就是如此。写满了一个本子，就换一本。罗森斯坦想看看我的诗，我踌躇了一下，而后把自己的翻译底稿递给了他。我无法相信他读了译稿之后所发表的感想。那时，他把我的手稿给了叶芝。"

这里还有个很有趣的插曲：休养结束后，泰戈尔到达伦敦的时间已经是 7 月份了。他到达伦敦当天，乘坐地铁时，竟然把装有译稿的书包遗落在车厢里，第二天早晨，他们才在地铁的"失物招领处"找到了它。如若真的丢了，会不会也会让他把诺贝尔奖给弄丢了？

从地铁"失物招领处"拿回稿子，泰戈尔直接给了罗森斯坦——这次在英国，泰戈尔就住在他家里。罗森斯坦后来说："我读了那些诗，感到这是一种崭新类型的诗，是神秘主义高水平的伟大诗作。当我把那些诗歌给安德鲁布拉德（英国文学评论家）看时，他很同意我的观点：'看来一位伟大诗人终于来到了我们中间。'我通知了叶芝。"[①]

叶芝是当时在英国的爱尔兰诗人，是 1923 年的诺贝尔文学奖得主。叶芝没有答复；罗森斯坦又写信给他，叶芝就让他把诗寄去。读了诗以后，叶芝兴奋不已，马上赶到伦敦读了其余的诗歌，并且立即主张在英国出版。

叶芝的赞扬令罗森斯坦很是高兴。7 月 30 日晚，他出面邀集了一些朋友到家中做客。叶芝欢愉地朗诵了泰戈尔的诗作，听众包括一些优秀的英国作家，美国著名诗人庞德也在座。泰戈尔诗作中的东方美震撼了每个人的心。庞德后来写

----

①转引自尹锡南：《解读泰戈尔获诺贝尔文学奖》，《东方丛刊》2002 年第 2 期，以下叙述参考了该文所提供的资料。

道，泰戈尔诗中那种"深邃宁静的精神压倒了一切。我们突然发现了自己的新希腊。像是平稳感回到文艺复兴以前的欧洲一样，它使我感到，一个寂静的感觉来到我们机械的轰鸣声中……当我向泰戈尔先生告辞时我确实有那么一种感觉，我好像是一个手持石棒、身披兽皮的野人"。

让泰戈尔感到奇怪的是，参加诗歌朗诵会的这些著名作家们，没有掌声，没有赞扬，也没有批评，大家一直这样沉默着，直到散场。

泰戈尔没有想到，这种局面的出现其实是因为大家都在咀嚼他诗歌背后所蕴含的内容。对于这些大作家来说，任何的赞扬和批评都是很慎重的。但是，参与朗诵会的每一个人其实都被他的诗作深深震撼了。沉默，只是震撼的一种表达方式而已。

因为误解了这一点，泰戈尔对自己的英语不自信的念头又一次在心中涌现："我太不自量力了，我怎么能用英文写作呢？我学了几天英文呢？写写也罢了，我为什么要献丑，要听叶芝他们的话搞什么诗歌朗诵会？"

不过，随后发生的事情，让泰戈尔的这种自责稍稍缓解了一些。罗森斯坦向英国的印度学会

摘得诺贝尔桂冠 第五章

137

建议，应为自己的成员泰戈尔出版诗选。叶芝同意为之作序。叶芝在长长的序言中谈到自己读泰戈尔诗作的最初感受："这些诗为我展示了一个我一生梦寐以求的世界。毫无疑问，就像草是土壤的产物一样，这些诗是高度义明的产物。在这种文明里，诗和宗教是同一的，密不可分的；这种文明历经千百年，不断地从鸿儒和白丁中吸取情感力量和语言素材，然后又把高贵和深邃的思想散布到千千万万民众中去。"叶芝说："当我坐在火车上、公共汽车上或餐厅里读着它们时，我不得不经常合上本子，掩住自己的脸，以免不相识的人看见我是如何激动。……这些诗的感情显示了我毕生梦寐以求的世界。"

1912 年，英文本《吉檀迦利》第一版问世，共印 750 册。后又由伦敦的乔治麦克米伦公司出版了它的普及本。

诗集出版后，几乎所有的英国报纸都对这本书的出版表示欢迎。英国文坛权威刊物《时代文学增刊》写道："我们读了这些诗歌后感到，它们不仅仅是一个外国心灵的珍品，而且它们也是一个缪斯的预言：如果我们的诗人能够达到情感与思想如此水乳交融的程度，这类诗在英国也是能够被写出来的。"《伯明翰邮报》宣称："泰戈尔先生的胜利主要意味着，英国文学的一个支流已获得了成熟发展。"泰戈尔无意中担当起振兴大英帝国文学兴盛的责任。

所有的英国报纸都对这本书的出版表示欢迎，这使得泰戈尔自此蜚声大西洋彼岸。

"东方人"的"第一次"

当泰戈尔的译作在欧洲出版并反响强烈之时，时居美国阿本纳的一位名叫帕特森古马尔拉易的印度人对他说："你迟早会因为自己的诗歌荣膺诺贝尔奖奖金的。印度或亚洲还没有一个人赢得过这种荣誉。"泰戈尔却将信将疑："亚洲人有资格获得此奖吗？"

泰戈尔并不知道，此时推荐泰戈尔角逐 1913 年诺贝尔文学奖的公函，已经从英国寄出了。这封起着重要作用的推荐函署名摩尔，而不是对泰戈尔的诗给予极高评价的叶芝。叶芝不做推荐人，是担心因为太喜欢这本诗集而妨碍自己做出客观的判断。而推荐人摩尔，则是当时英国皇家文艺协会的一位举足轻重的人物，他从 1912 年起开始负责一项艰巨的任务——为当时显赫的"日

摘得诺贝尔桂冠 第五章

不落帝国"争取诺贝尔文学奖。此前颁发的 12 届诺贝尔文学奖中，英国只有吉卜林在 1907 年获此殊荣。摩尔出面推荐泰戈尔，是把他作为英王治下的英属印度的作家来看待的。泰戈尔无意中肩负起为印度也为大英帝国争取荣誉的特殊使命。

这一届的诺贝尔文学奖的角逐相当激烈。泰戈尔的几位竞争对手包括：英国著名小说家哈代，签名支持他的英国人有 97 位；西班牙的加尔多斯，举荐人数多达 700 人；意大利则推出后于 1926 年获奖的女作家黛莱达；瑞士再度推出后于 1919 年得奖的小说家施皮特勒；法国推出两位当时巴黎文坛的风云人物——史家拉维赛和小说家罗逊；德国则举荐了后于 1921 年获奖的法国作家法朗士。丹麦、芬兰、比利时和瑞典等国也纷纷推出候选人。

异常激烈的竞争，让人不禁为来自东方并身陷"欧洲军团"重重包围的泰戈尔捏一把冷汗：他"夺冠"的希望有多大呢？他会不会被众多强劲有力的西方竞争者淹没呢？

不过，泰戈尔的运气相当好。瑞典文学院的诺贝尔委员会里刚好有一位懂得孟加拉文，而且对泰戈尔的名字也颇为熟悉的东方文学专家。这对泰戈尔的角逐非常有利。

院士中支持泰戈尔最给力的是后于1916年获奖、当时享誉瑞典的诗人海登斯坦。他极为欣赏泰戈尔诗中浓厚的东方气息，提笔写了一份内容极为详尽扎实的举荐报告书，送给他的同事们作为遴选得奖人的参考。他在报告中说："我不记得，过去20多年我是否读过如此优美的抒情诗歌，我从中真不知道得到了多么久远的享受，仿佛我正在饮着一股清凉而新鲜的泉水……他的作品没有争执、尖锐的东西，没有伪善、高傲或低卑。如果任何时候，诗人能够拥有这些品质，那么他就有权得诺贝尔奖奖金。……现在，我们终于找到了具有真正伟大水平的一个理想诗人，他就是这位泰戈尔诗人。"后来的事实证明，这份报告起到了非常好的效果。

委员会里，另一位与海登斯坦同辈的、活跃于当时瑞典文坛的作家也提交了热情的研究举荐报告。他们两位一致的意见，无疑加重了泰戈尔的分量，促使院士们开始竞读《吉檀迦利》。院士们无不为诗中那些富于韵律美的意念所折服。

于是，奇迹发生了！

诺贝尔奖委员会原本属意于法国作家华古

埃，然而这项建议却被瑞典文学院全票否决。诺贝尔委员会于1913年11月13日再度开会，这次与会的委员共计13人，12人投票支持泰戈尔。就这样，泰戈尔为"东方人"赢得了"第一次"，成功摘取了诺贝尔文学奖的桂冠。

泰戈尔获得诺贝尔文学奖的消息发布时，他正在圣地尼克坦国际大学。他当然喜出望外。他说："当诺贝尔奖从瑞典授予我时，这巧合使我出乎意外地极为高兴。作为个人价值的认可，它无疑对我很珍贵，然而这还是一种承认，东方为文化的共同储备贡献它的财富，是西方各大洲的一名合作者，这是当代的主要意义。它意味着大洋两边人类世界的两大领域像同志般地携起手来。"

5天后，泰戈尔写信给罗森斯坦："从得悉获诺贝尔奖奖金的巨大荣誉的消息那一刻起，我的心里充满了对您的爱和感激之情。我相信，在我的朋友中间再没有比您听到这个消息更为高兴的了。这是荣誉中的王冠，为此而高兴的人们理应是我们最亲爱的。然而，这对我来说也是一种更加艰巨的考验。奖金将使公众产生兴奋的汹涌浪潮。这几乎是那样的不幸，犹如把一条狗尾巴绑在洋铁罐上，以便使它不能叫喊，不能去相聚，一步也不能动弹。过去一些天来，我压在电报和书信堆里喘不过气来，有些人没有读过我的作品的一字一句，却最卖弄地显露自己的欢乐。其实，那些人的心里对我是不存在任何友情的。我如何对您说呢？我多么厌嫌那些嘈杂声，这些不真实的举止使我感到惊骇。实际上这些人不是为我，而是为我的荣誉而尊敬我。"

泰戈尔这封信发出后还不到10天，一个由500人组成的代表团浩浩荡荡地来到了圣地尼克坦，向泰戈尔致以全国性的敬礼与祝贺。

泰戈尔终于无法忍受了，他失去了惯有的风度，对这个代表团说："请原谅，先生们，我无法接受你们如此的厚爱。就像我在困难的时候不需要帮助，最痛苦的时候不需要安慰一样，现在我也不需要祝贺和致敬！"

由于路途遥远，泰戈尔没有去瑞典亲自出席颁奖典礼。他在给瑞典诺贝尔奖委员会的回电中说："我恳切地向瑞典文学院表示对那宽大的了解的感谢和领受；这了解将遥远的距离拉近了，也使陌生人成了兄弟。"

作为东方第一位获得诺贝尔奖的诗人，泰戈

尔一夜之间成为媒体关注的头条。不过，他冷静得几乎有些令人难以理解。他只是把这个奖项作为他人生旅途的一个坐标而已，他仍然沉浸在诗的世界里，并在这个世界里寻找自己对待荣誉的平衡。这个奖项的获得让他惊喜，但他更希望他的作品可以永恒。这种希望体现在泰戈尔的诗作里："在你心头的欢乐里，愿你能感觉到某一个春天早晨歌唱过的、那生气勃勃的欢乐，越过一百年传来它愉快的歌声。"

《吉檀迦利》从 1912 年出版至今，已经是流传了百年的经典，它在诺贝尔文学殿堂上定格之后，又引领读者进入泰戈尔的创作王国，在读者心头萦绕着泰戈尔"一百年传来"的"愉快的歌声"中，泰戈尔的作品被一代一代地传承，直至永恒。

第六章
"竺震旦"，泰戈尔的中国过往

冉冉升起的"新月社"

1913 年，泰戈尔获得诺贝尔文学奖前后，开始了世界范围内的旅行。

虽然早期的旅行，泰戈尔是从西方国家，诸如英国、美国、苏联等开始的，但是，作为一名东方作家，东方这块土地对他更具吸引力，尤其是对于古老的中国，他更是很早就予以关注。

泰戈尔对中国怀有特殊的深厚感情，他曾经热情地说："中国是几千年的文明国家，为我素所敬爱。"因为热爱中国和中国文化，他十分关心中国人民的命运。

1881 年，年仅 20 岁的泰戈尔就在《婆罗蒂》杂志上发表著名论文《在中国的死亡贸易》，文中说，英国"对中国的鸦片贸易中，隐藏着龌龊卑鄙的动机，其中阴暗的偷窃心理比抢劫还要可恶"。他说："一个国家为牟取卑鄙的利益，满足对金钱的无限贪婪，迫使拥有亿万人口的中国，在政治、健康和社会道德诸方面走上了下坡路。英国人根本不讲什么道义、什么责任、什么良知，只有敛财的强烈欲望，这就是 19 世纪他们的基督教文明！"他谴责"英国坐在亚洲最大的文明古国的胸脯上，把病菌似的毒品一点一滴注入他健全的肌体和灵魂，推着他走向死亡"，字里行间表达了对处于水深火热中的中国人民的真诚同情。

在世界各地的旅行中，泰戈尔演讲时多次提出有机会到中国走走的愿望。在印度，传说中的最后一个佛教徒到中国传教，那已是一千年前的事情了。一千年来，两个东方文明古国没有来往。泰戈尔想走进中国，恢复两国古老文化传统的联系。

中国学界也希望泰戈尔访华。1920 年，时任北京大学校长的蔡元培就向泰戈尔发出了访华邀请，但因为泰戈尔当时正在欧洲各地巡回演讲，无法成行。

1923 年 4 月，泰戈尔委托其朋友和助手、英国人恩厚之来华商洽访华事宜。恩厚之希望北京大学再一次发出邀请，可当时北京大学事务繁多，无力再接待。著名诗人徐志摩听说此事后非常高兴，他认为，虽然当时中国有许多学者和诗人都深受泰戈尔哲学和诗歌的影响，但人们对这位东方文化的代表人物、亚洲第一位诺贝尔文学奖获得者的认识仍然不足，他希望通过泰戈尔此次访问来增进双方的沟通与了解。

徐志摩带恩厚之找到讲学社，希望主持讲学社的梁启超、蔡元培以讲学社的名义邀请泰戈尔访华。两人欣然同意，立即联名向泰戈尔发出邀请。徐志摩在致泰戈尔的信中说："我已答应了讲学社，在您逗留期间担任您的旅伴和翻译。我认为这是一个莫大的殊荣。"

梁启超为什么愿意邀请泰戈尔？讲学社又是一个什么机构？我们下面再说。

如何接待泰戈尔呢？徐志摩提出："泰氏最喜人家演他的戏，我很盼望爱他的戏剧的同志，也应趁这个机会努力一下。"

要演出泰戈尔的戏剧，需要有一班人马才行。徐志摩之所以敢提出这样的想法，是因为他正好组织和联络了这样一班人马。

1922年10月，徐志摩自英国留学归国后，担任北京松坡图书馆的英文干事。松坡图书馆位于石虎胡同七号，也是徐志摩的住所。徐志摩是位充满激情的诗人，也是一位活动家，他联络从海外归来的一些留学生，把西方学术和教育界常常举办的"沙龙"这种社交方式也搬回中国。1923年初，徐志摩开始组织"聚餐会"，类似于西方的沙龙。他聚集了一些志同道合的朋友，除轮流着到各人家里集会谈天，吃吃喝喝之外，也开展定期集会，请美国或中国各界著名人士讲演，或就大家关心的问题召开讨论会，慢慢地形成了北京一个带有文化倾向的社交型文人团体。这个文人团体的成员不仅思想新锐，而且大多多才多艺。徐志摩提议排演泰戈尔的戏剧作为送给他的礼物，就是依托于这个文人团体。

徐志摩的建议，得到了时任清华大学教务长的张彭春和著名学者胡适等"聚餐会"的成员的支持。徐志摩在给胡适的信中说，有你们支持，"又鼓起了做戏的热心"。

1924年3月，徐志摩在原来的"聚餐会"基础上正式成立了"新月社"。取这样一个名字，据梁实秋回忆："'新月'二字是套自印度泰戈尔的一部诗《新月集》，泰戈尔访华时梁启超出面接待，由志摩任翻译，所以他对'新月'二字特感兴趣，后来就在北平成立了一个'新月社'。"

泰戈尔人还未到中国，就催生了一个在中国文学史上占有一席地位的文学社团——新月社，也是一段文坛佳话。

"新月社"成立后，在徐志摩的组织下，成员们排练泰戈尔的英文短剧《齐德拉》，迎接泰戈尔访华。

《齐德拉》的剧情大意是：齐德拉是印度国王的公主，却不爱红装爱武装，她经常身着男装，而且崇尚武艺。阿纠那是邻国的王子，也是尚武之人，且威猛无比，为修炼武艺，他成为游侠，常常在森林中居住，并发誓12年不娶妻。有一天，阿纠那卧身林中，被齐德拉遇见，她立即被他的气质所吸引，向他求爱，但阿纠那恪守誓言，予以拒绝。齐德拉便向爱神求助，爱神感念于她的真诚，赐给她绝色美貌，但这美貌只能保留一年，如果求爱不成，就要打回原形。其后，两人相见，阿纠那对她一见倾心，自此结为夫妇，但齐德拉并没有以真名相告。此前，齐德拉曾经保护着一个村庄，使这个村庄从无盗患侵扰。这时，由于齐德拉与阿纠那缠绵于情感，村庄失去保护，人们都担心盗贼重来。阿纠那适至该村，村民向他诉说了齐德拉的勇武事迹，阿纠那遂对齐德拉萌生爱意，要和已易容的齐德拉分手。齐德拉这才告知真相，她就是那个齐德拉。阿纠那大喜，爱情复圆。

《齐德拉》是泰戈尔创作的名剧，名扬世界，但在当时的中国并没有多少人欣赏过。新月社排演此剧，也算是文化界的一个盛举。就创作阵容而言，也是前无古人。张彭春担任导演，梁思成担任布景。林徽因饰演公主齐德拉，张歆海饰演王子阿纠那，徐志摩饰演爱神，林徽因的父亲林长民饰演春神，其他如王孟瑜、袁昌英、蒋百里、丁燮林等人饰演村民。这些人物都是当年文化界的名流、"大腕"，也是我们现在读历史书时冷不丁就可相遇的名字。当年有人评论说，这些"大腕"们"情愿演戏中不相干的平民，这倒是打破名角主角制的好处"。这也成就了中国戏剧史上的一段佳话。

为了演好这场戏，增强演出的效果，新月社仅在服装和道具方面"就花了好几百块"。梁思成是著名建筑学家，在戏台的布置上很费心思，他一丝不苟，力求与剧情相符合。特别是殿前那只大鼎，据当年"探班"的人记载："远远地一看，金碧辉煌，配着大殿上的漆红粗柱，幽美极了，里面华丽高大的神座，坐着两位庄严伟大的春爱之神。不用听戏，就看这点布置，就叫人瞧着肃穆起敬，另有一种说不出的静美。"①

至于演出是否成功，先留下个伏笔。我们接着说故事，说说邀请人梁启超与泰戈尔的故事。

梁启超与泰戈尔

在中国思想史上，梁启超的地位和建树尽人皆知，无须多说。单就泰戈尔在中国的传播历史，梁启超就起到了开风气之先的作用。

1913年12月，泰戈尔以英译诗集《吉檀迦利》获得诺贝尔文学奖。而当年10月，《东方杂志》就刊发了介绍、研究泰戈尔的文章《台莪尔之人生观》（作者钱智修），并附有一幅泰戈尔像。1915年，陈独秀在《敬告青年》一文中比较了泰戈尔与托尔斯泰的人生观，并发表了译自《吉檀迦

①参见郭晓勇：《新月社与泰戈尔访华》，《学理论》2011年第25期。

利》中的四首诗，称泰戈尔"驰名欧洲""印度青年尊为先觉"。但对泰戈尔的第一次全面介绍，则要归功于梁启超主编的《大中华》杂志。

1916年2月20日，《大中华》杂志（第2卷第2期）发表欧阳仲涛的文章《介绍太阿儿》，并附有"太阿儿手札"一幅、"太阿儿最近写真"一幅。同年，第2卷第8期刊出逐微所译《印度大思想家太阿儿自传》。欧阳仲涛的文章侧重强调泰戈尔在欧洲的影响和在世界文化史上的地位，他称泰戈尔不仅仅是诗人，还是"预言者、哲学者、宗教家、教育家、印度之爱国者，梵界之中兴伟人"。逐微的译文则简明扼要地全面介绍了泰戈尔的生平及其政治观、宗教观、文学观。实际上，这两篇文章彼此互补，可以称为中国最早、最全面的泰戈尔研究。这应该是梁启超与泰戈尔首次结缘，算是神交开始。

1923年4月，当徐志摩带着恩厚之找到梁启超后，梁启超非常热衷此事。在他看来，闻名世界的泰戈尔主动要来中国，实为讲学社之求之不得。而对梁启超本人来说，他也责无旁贷。

讲学社成立于1920年9月5日，是梁启超以罗素访华为契机发起成立的，核心人物有林长民、蒋百里、徐志摩等。梁启超虽然被视为保守派的代表人物，但他主持的讲学社采取的是"兼容并包，兼收并蓄"的方针。因此，讲学社的成员身份复杂，思想主张差别很大，有主张玄学的，也有主张科学的，有西化派，也有传统文化派，但在欢迎外国学者来华讲学一事上，他们的态度是一致的。

1921 年 10 月，英国著名作家高尔斯华绥在伦敦发起成立了一个国际性组织——国际著作者协社，东方会员仅有两名，就是泰戈尔和梁启超。这个组织的宗旨，就是为了"著作家游历时，各部应相互招待，敦睦友谊"。有了这层渊源，梁启超邀请并接待泰戈尔访华，也算是在尽"国际著作者协社"会员的责任。

也许因为这层渊源，梁启超极其重视泰戈尔访华，并事无巨细地安排泰戈尔访华的相关事宜。如就泰戈尔在华住所问题，他在 3 月 7 日致好友蹇季常的信中就特别指出："独泰戈尔房须别觅，真是一问题，渠不过一个月后便来，非赶紧设法不可。我想城里找适当的很难，最好是海淀，其次则香山……"并专门提出要时任清华大学教务长的张彭春帮忙料理。

几经周折，张彭春为 63 岁的老诗人在北京史家胡同租了一间带有暖气的房子，并派徐志摩担任翻译，王统照担任演讲编辑，让二人相伴左右，负责照顾泰戈尔的日常起居。①

此外，泰戈尔在北京期间，梁启超还身体力行，几乎可以说是形影不离地陪伴在泰戈尔左右，他的儿子梁思成也经常出现在各种欢迎会上。因为梁启超这样推崇泰戈尔，反对泰戈尔的一些学界人士便将他捆绑在一起进行攻击。这是后话，我们暂且不说，接着说说与泰戈尔有密切关系的另一位著名学者郑振铎。

郑振铎："欢迎泰戈尔"

按照原定的计划，泰戈尔访华的时间在 1923 年 7、8 月间，但因泰戈尔生病，不得不一再推迟。直到 1924 年 2 月，徐志摩才接到恩厚之的来电：泰戈尔将今春来华。消息一传出，中国的文化界顿时兴奋起来，形成了第一轮的宣传泰戈尔的热潮。当年有名望的媒体共同烘托了这一热潮。

《东方杂志》（第 20 卷 14 号）、《小说月报》

---

① 参见孙宜学：《梁启超与泰戈尔》，《东方论坛》2012 年第 6 期。

（第 14 卷 9、10 号）、北京的《佛化新青年》都出了"泰戈尔专号"。其他很有影响力的一些报纸、杂志，如《时事新报》《民铎》《民国日报》《晨报》《中国青年》等也都行动起来，图文并茂地翻译、登载泰戈尔的作品。一时间，中国两大城市——北京和上海，满城争说泰戈尔，街谈巷议《吉檀迦利》。这位大胡子老人的音容笑貌，在没与国人谋面之前就已经渗入到人们的生活中。

在这轮宣传中，有两个人对泰戈尔的评价最惹人注目。一位是即将担任泰戈尔翻译的徐志摩，他对泰戈尔推崇备至，把泰戈尔比喻为"一方的异彩，揭去了满天的睡意，唤醒了四隅的明霞——光明的神驹，在热奋地驰骋"。诗化的语言有张力，也容易为读者所接受。另一位就是我们要说的郑振铎。他在《欢迎泰戈尔》一文中热情地预言："当他到达中国的时候，中国人一定会张开双臂拥抱他。当他作演讲时，人们一定会狂拍着巴掌。"

在当年中国学者中，郑振铎虽不是最早关注泰戈尔的人，但他是最系统翻译和介绍泰戈尔作品的人。印度学者海曼歌·比斯瓦斯在悼念郑振铎的文章中曾这样说过："我们印度人是把他当作最早的印度学者来热爱的，在当代，他可能是

（第 14 卷 9、10 号）

（第 14 卷 9、10 号）

第一个把印度古典和现代的文学介绍给中国读者的人。他同样的是当前中印文化交流的先驱。"在郑振铎与印度文学的关系中，最重要的媒介和纽带是泰戈尔。

郑振铎（1808—1958）是吮吸着五四文学革命的养料成长起来的文坛巨匠，他既是作家、诗人，又是翻译家、理论批评家。五四运动所弘扬的"德先生"和"赛先生"，让先进的知识分子在关注中国文化的同时，把目光转向海外，而郑振铎则把关注点聚焦在印度文学、印度文化上。

郑振铎第一次接触泰戈尔的诗歌，是在1918年。那年，他的好朋友许地山把一部日本人编选的《泰戈尔诗选》和一部《新月集》赠送给他，并鼓励他把《新月集》翻译出来。郑振铎立刻喜欢上了这些清新的小诗。他把《吉檀迦利》中的22首翻译出来，刊登在1920年8月出版的《人道》月刊上。在这些译诗前面，有一首他所译的泰戈尔《新月集》中的《我的歌》作为序诗。后来，郑振铎又得到了泰戈尔的《园丁集》《新月集》《采果集》《飞鸟集》《吉檀迦利》等几本英译诗集，他也陆续翻译出来，从1921年开始，相继发表在《小说月报》《文学旬刊》等刊物上，达几百首之多。1922—1923 年，郑振铎分别出版了译诗集《飞鸟集》和《新月集》。其中，《飞鸟集》是我国最早的一本泰戈尔译诗集。

郑振铎翻译的泰戈尔诗歌，曾经在 20 世纪 20 年代的中国文坛上风靡一时，也影响到了不少作家的创作。著名作家冰心的在文坛引起巨大反响的《繁星》《春水》等作品，就是在她读了泰戈尔的诗之后开始创作的。1980 年，冰心晚年回忆自己写诗的缘由时说："那是在 1919 年的事了。当时根本就没存想写诗，只是上课的时候，想起什么就在笔记本上歪歪斜斜地写上几句。后来看了郑振铎译泰戈尔的《飞鸟集》，觉得那小诗非常自由。那时年轻，初生牛犊不怕虎，就学那种自由的写法，随时把自己的感想和回忆，三言两语写下来。有的有背景，有的没有背景，也偶尔借以骂人。后来写多了，我自己把它整理成集，选了两个字'繁星'，作为集名。"不料，就这样轻描淡写的"三言两语"，竟然成就了一位著名的儿童作家。

在翻译泰戈尔作品的同时，郑振铎还不遗余力地介绍泰戈尔的创作并评论他的作品。

1922 年 2 月，郑振铎在《民铎》杂志上发表

《十四年来得诺贝尔奖金的文学家》，重点介绍了泰戈尔。他写道："以清新的、活泼的、神秘的诗，投入于现代的沉闷于物质生活的人手中，使他们的灵魂另外开了一扇极明净极美丽的窗子；这实是泰戈尔对于世界的大贡献。大家对于他这个大贡献，只以赞赏酬答之。"同时，郑振铎也指出了泰戈尔为人为文的另一面："他虽是一个人类的爱者，但也不忍见印度民族之呻吟于英国人治下。所以对于印度的自治，鼓吹极力。他的诗歌，有许多是示唆印度青年的独立思想的。凡是一个人类的爱者，同时必是一个民族解放的鼓吹者，这是一定的道理，并不是什么矛盾。因为各民族如不同立于绝对平等的地位上，人类和平是决不能实现的。"

1921 年，文学研究会成立不久，郑振铎就发起组织了国内第一个专门研究一个作家的学会——泰戈尔研究会。他在 1922 年出版的《小说月报》第 13 卷 2 号上面，发表了介绍泰戈尔生平和创作概况的《泰戈尔传》，这是我国最早的全面介绍泰戈尔生平和创作的文章。同卷同号的《小说月报》上面，还有一篇他写的《泰戈尔的艺术观》，在这篇文章里，郑振铎对泰戈尔的文艺思想做了介绍和评论。可以说，这篇文章向人们展示了当时郑振铎对泰戈尔文艺思想的认知程度，也阐发了他自己的一些文艺观点。

以后，郑振铎在《文学大纲》中谈到印度文学，只说泰戈尔而未谈及其他。他称赞泰戈尔是使得古印度文学的荣耀得以恢复的最重要的作家，泰戈尔的英译诗集《吉檀迦利》一出版，"立刻惊诧了全个欧洲的人，那样的崇高而莹洁的情绪，乃是近代所不常见的"。可见泰戈尔在他的心目中有着怎样高的地位。

1923 年，当郑振铎得知泰戈尔要来中国时，马上写了《泰戈尔的东来》一文，发表在 1923 年 5 月 2 日的《文学旬刊》上。这篇小文只有几百字，却表达出了郑振铎对泰戈尔东来的期待之情："大约，在秋天黄菊盛开时，他必可再度东来，到东方的中国来了。我们的文艺界，怎样预备着欢迎他呢？"

郑振铎的欢迎方式，就是发表了我们前面提到的《欢迎泰戈尔》一文。这篇文章刊登在 1923 年 9 月 10 日刊行的《小说月报》上。郑振铎是诗人，他的这篇欢迎辞充满激情和诗意。文中，郑振铎借用泰戈尔的一首歌颂上帝的诗作，表达自

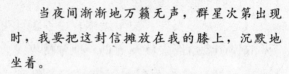

已心中对泰戈尔的感想：

> 我醒起来，在清晨得到他的信。
>
> 当夜间渐渐地万籁无声，群星次第出现时，我要把这封信摊放在我的膝上，沉默地坐着。
>
> 萧萧的绿叶会向我高声地读它，潺潺的溪流，会为我吟诵着它，而七个智慧星，也将在天上对我把它歌唱出来。

郑振铎说整个世界上值得人们去欢迎的还不足几十人，而泰戈尔则是这少数人中最值得大家去欢迎的一个人，因为泰戈尔是"给爱与光与安慰与幸福于我们的人，乃是我们的亲爱的兄弟，我们的知识上与灵魂上的同路的旅伴"。①

在上海有鲜花与掌声

1924 年 4 月 12 日一早，徐志摩、张君劢、殷志龄、潘公弼、钮立卿等，与在沪外侨 30 多人一道，齐集汇山码头，恭候泰戈尔到来。

---

① 参见冯新华：《郑振铎与泰戈尔》，《绥化学院学报》2008年第 5 期。

上午9时许，一袭长袍的泰戈尔出现在码头。媒体记者蜂拥而至。当天的《申报》报道了泰戈尔抵沪的消息。东方通讯社在甲板上对泰戈尔进行采访。谈到此行的目的，泰戈尔以诗人的夸张口气说道："余此次来华讲演，其目的在希望亚细亚文化、东洋思想复活。现在亚细亚青年迎合欧美文化。然大战以来，竟暴露人类相食之丑态，西洋文明濒于破产。人类救济之要谛，仍在东洋思想复活之旗帜下，由日本、中国、印度三大国民，坚相提携。"

泰戈尔绝对不会想到，他的这一态度，竟然为此后遭遇尴尬埋下了伏笔。

礼节性的照相完毕，泰戈尔一行登车直奔位于静安寺路的沧州别墅（今南京西路锦沧文华大酒店处），在23号和24号房间下榻。

下午5时，泰戈尔在徐志摩等人的陪同下，来到了位于上海西南的龙华，参观龙华寺、龙华塔等名胜。龙华附近农家种植桃花，每当春日桃花开放之时，上海人喜欢来这里郊游、赏春，"龙华看桃花"已成为当地民俗。泰戈尔来访时，正值"龙华看桃花"的时节，但他更关注的是寺庙。不过，在他看来，龙华古寺虽然庄严、肃

161

穆，却"无任何宗教精神"。这种反差是显而易见的，在印度，宗教是信仰，在中国，宗教则是膜拜。信和拜，是两个不同层面的事情。或许，泰戈尔看到了这种差别，在接下来的中国之行中，他更多地谈到宗教。

13日上午，泰戈尔与徐志摩两位结伴来到哈同花园。这里是上海著名的社交场所，主人是来自巴格达的犹太富翁哈同，但哈同的夫人罗迦陵笃信佛教，园内珍藏有很多不常见的佛教典籍。泰戈尔在这里徜徉许久才离开，以至于推迟了原定下午2时在张君劢宅邸举行的欢迎会。一直到下午4时零5分，在徐志摩等人的陪同下，泰戈尔才出现在张宅的草坪上。

在这里，泰戈尔发表了第一次演讲。他说，自己来访的目的是为了寻求恢复和加强中印两国人民之间的友谊："我记得千年前那一天印度献给你们它的情爱，契结了不朽的友谊，这层亲族的关系还存在着，在东方民族的心灵里深深地隐着。在这千年内我们往来的道上也许长满了蔓草，但我们却不难发现往来的踪迹。我们共同的事业就在祛除我们胸膈间壅积着的杂欲，再来沟通这名贵的情感交流。请允许我和你们一起翘望你们祖国大地洋溢着盎然生机，我想沉浸于你们的欢悦之中。我不是哲学家，所以请你们的心田安排我的住处，而不要在民众的讲台上为我放一张椅子，我渴望赢得你们的心。"

他还表示，相信中华民族将有一个伟大的将来，"此时我走到你们身边，怀着对你们和亚洲的伟大未来的信心，有朝一日，你们的国家巍巍然挺立，显示崭新的精神风貌，我们将分享你们的欢乐，回眸悠悠往昔，我看见印度大声宣告，你们是我们的兄弟，并递给你们她真挚的爱"。演讲词立即发表在报刊媒体上，题名"在上海的第一次谈话"。

18日下午3时，在宝山路商务印书馆的图书馆会议室，上海各界代表和英美人士约1200多人齐聚一堂，为泰戈尔举行盛大的欢迎会。据媒体报道，会场门口摆放着用松柏树枝粘连而成的"欢迎"二字，内部四壁悬挂着中国古画以及用松柏交叉做成的彩条和彩球，主席台上也用同样的方法织成"欢迎"二字，台前则摆放着十余盆鲜花。当泰戈尔出现在会场上时，乐队奏起了优美的音乐。媒体认为，无论从规模还是规格来说，此次欢迎会都超过此前迎接杜威和罗素，

"此种欢迎会，在东方亦献异彩"。

泰戈尔着玄色长袍，头戴红色的帽子，站在主席台上，开始了他在沪的第二次演讲——《东方文明的危机》。作为诗人的泰戈尔没有"作无聊的诗歌"，他强调东方精神文明的优点，并告诫中国，"余来上海，在城市里未曾得丝毫足以表现中国文化之精神，奈诚深以为憾。……中国文化正因物质文明而被创""把一切精神的美牺牲了去换得西方的所谓物质文明，是万万犯不着的"。

鉴于东方文明在现代文明铺天盖地的浪潮冲击下"濒于危险境地"，他认为中国若能与印度一起维护东方文明，东方文明定可发扬光大，反之，亚洲则无力维护东方文明。

泰戈尔有所不知的是，他所阐述的这些观点，知识界并不陌生。邀请他访华的梁启超就曾经说过大致如此意思的话。1918年，梁启超去欧洲考察，亲身了解到西方社会的许多问题和弊端，回国之后即宣扬西方文明已经破产，主张光大传统文化，用东方的"固有文明"来"拯救世界"。泰戈尔无意中给了攻击他的人以口实：有人把他和梁启超联系起来，说他是梁请来的帮手。

当晚7时，诗人来到了位于四马路（今福州

路）的有正书局，翻看了书局出版的中国美术品有关书籍，并购买了多种，准备归国后加以研究。8 时，泰戈尔参加了徐志摩、郑振铎、戈公振、刘海粟等人在北京路功德林素菜馆为他举行的欢迎晚宴。饭后，忙碌了一天的泰戈尔仍然饶有兴致地到上海第一台观看了京剧。

晚 12 时，泰戈尔结束了他的第一次上海之行，赴招商局码头，踏上了他的北上之路。泰戈尔先后访问了杭州、南京、济南，然后到达北京。

在北京有热情也有尴尬

4 月 23 日，泰戈尔到达北京，梁启超、蔡元培、胡适、蒋梦麟、梁漱溟、辜鸿铭、熊希龄等文化名流到北京站迎接。一时文化学术界巨头相逢，名贤云集，泰戈尔感受到了礼遇。

休息了一天后，4 月 25 日中午，英美协会在天坛草坪上举行了隆重的欢迎会。

陪伴泰戈尔入场的是当时的社交名媛、女诗人林徽因小姐，担任翻译的是风流倜傥的徐志摩。三人站在台上，相映成趣，被善于联想的媒体誉为好似一幅美丽动人的岁寒三友图："林（徽因）小姐人艳如花，和老诗人（泰戈尔）挟臂而行，加上长袍白面、郊寒岛瘦的徐志摩，有如苍松竹梅的一幅三友图。徐氏在翻译泰戈尔的英语演说，用了中国语汇中最美的修辞，以硖石（浙江）官话出之，便是一首首的小诗，飞瀑流泉，淙淙可听。"

从 4 月 23 日到 5 月 20 日离开，泰戈尔在北京停留 20 多天。他的日程安排非常紧凑，主要活动如下：4 月 25 日下午，参加讲学社在北海组织的欢迎茶会，发表讲演；26 日，游法源寺；27 日，游故宫御花园，当晚在金鱼胡同海军联欢社同文艺工作者举行座谈会；28 日，在先农坛会见北京学生，发表演说，听众多达 2000 人；29 日，前往樱桃斜街贵州会馆参观书画展览会，并出席画家为他举办的茶会；5 月 1 日，应清华大学学生会之请，发表长篇讲演；8 日晚，出席新月社为他举办的祝寿会，会上演出他的名剧《齐德拉》；9 日、10 日和 12 日，应讲学社之请在真光剧场做了三次正式的公开演说；20 日晚，诗人一行离开北京。泰戈尔访华总共 48 天，在北京就逗留了一半时间。①

----

①关于泰戈尔在中国的行程有不同的说法，但笔者认为，季羡林的日程表最为详尽和准确，见季羡林：《泰戈尔与中国》，《社会科学战线》1979 年第 2 期。

因为在北京逗留的时间长，也因为北京学界的复杂，加上一些政治因素的影响，泰戈尔在北京的故事也就比较多，遇到的尴尬也不少。我们撮其要者，说那么几件。

一 为泰戈尔庆生，"竺震旦"诞生

泰戈尔在北京期间，正赶上5月8日他64岁的生日。庆生一向是文人墨客联络同行为自己抬轿的好机会。泰戈尔是大诗人，不需要人抬轿自有人抬轿。所以，得知5月8日是泰戈尔的生日，徐志摩及刚刚成立的新月社，都觉得这是把泰戈尔访华推向高潮的大好机会。他们挥汗如雨地排练《齐德拉》，作为给他祝寿的生日礼物。

1924年5月6日，《晨报》报道了这样一条消息：

> 泰戈尔氏已于昨日下午返京，仍寓史家胡同。本月八日为泰氏生辰，北京新月社同人，拟于是晚八时在协和大礼堂表演泰氏杰作契珠腊（Chitra）戏剧，剧中主角有林徽因女士及张歆海杨袁昌英女士徐志摩林宗孟蒋百里丁燮林诸君。梁启超氏新赠泰氏华名"竺震旦"……梁氏闻将于是晚，本此意作极有趣之演说。而是晚主席，则已推定胡适

167

之君云。

消息说得很详细，连要给泰戈尔一个中国名字的事情都先行见报，可见，关于为泰戈尔庆生的事情是早已安排好了的。此外，消息中详细介绍演出《齐德拉》的阵容，也可以看作是新成立不久的新月社借此推销自己的广告。

果然接下来，为泰戈尔庆生就成为新月社举办的一次中外文艺人士的聚会。"是晚来宾皆由新月社柬请，纯为文艺的聚会，与普通聚会完全不同"，刊登的邀请广告上如是说。

庆生欢迎会在北京东单三条协和礼堂举行。5月8日晚，陆小曼在礼堂门口负责发售《齐德拉》的说明书，每册一元，若观看演出则免费。

竟然是陆小曼！来人多半大惊。

那时陆小曼刚21岁，因为担任外交总长顾维钧的兼职外交翻译而闻名于社交界。她居然屈身在门口发售说明书，也算是那晚的一个不大不小的新闻。其实，知情人都会心一笑：此时的陆小曼正跟徐志摩谈恋爱，为心上人做事是求之不得的事情，更何况这是为泰戈尔庆生呢。知情人还知道，此时徐志摩还暗恋着这场演出的女主角林徽因，而林徽因与梁思成又有着一种别样的情感，陆小曼在这里出现，使与会者不知所以了。

据当时媒体报道，这时的协和礼堂门口，"已经是车水马龙，门庭若市了"。剧场里面更是热闹，"人挤得满满的，坐的，立的，来回走着的，声音喧闹，绝似中国的旧戏园子，尤其是女人们，莺声燕语，嬉笑无间"。

晚上 9 时，泰戈尔及其弟子入场。9 时 15 分，庆生宴会开始，主持人是胡适，这位留美博士、青年导师用英语宣布开始并致欢迎辞。

胡适说："我们今天庆祝泰氏有两种意思，第一是庆祝泰氏 64 岁的生日，第二是庆祝泰氏中国名的命名日。泰戈尔是诗哲，并且是革命性的诗哲。中国文化受印度影响很多。今天我们能够在这里欢迎代表印度的最伟大人物，恰逢他的生日，替他做寿，实在是凑巧极了。梁任公先生又给他起了一个中国名，今天就是命名日，所以一方祝贺老诗哲 64 岁生日，一方又是祝贺一位刚生下来不到一天的小孩。"胡适的演说幽默诙谐，引起笑声不断。

致辞完毕后，胡适代表中国知识界向泰戈尔赠送 19 件名画和 1 件古瓷，作为寿礼。

接下来，由梁启超上台说明替泰戈尔命名的

意思，并由胡适口译为英语。梁启超说："泰翁要我替他起一个中国名字。从前印度人称中国为'震旦'，原不过是'支那'的译音，但选用这两个字却含有很深的象征意味。从阴噎的状态中霍然一震，万象昭苏，刚在扶桑浴过的丽日，从地平线上涌现出来（"旦"字末笔表地平线），这是何等的境界！泰戈尔原文正合这两种意义，把他意译'震旦'两字，再好没有了。从前自汉至晋的西来古德（"古德"意即古来有道德的高僧），都有中国姓名，大半以所来之国为姓，如安世高来自安息便姓安，支娄迦谶从月支来便姓支，康僧会从康居来便姓康，而从天竺印度来的都姓竺。今天我们所敬爱的天竺诗人在他所爱的震旦地方过他64岁的生日，我用极诚恳、极喜悦的心情，将两个国名联起来，赠给他一个新名叫'竺震旦'。"

顿时，全场掌声雷动。

梁启超接着说："我希望我们对于他的热爱，跟着这个名字，永远嵌在他心灵上，我希望印度人的名字和中国人的旧爱，借'竺震旦'这个人活过来。"

掌声再起，果然如广告所说的那样，梁启超做了"极有趣之演说"。在全场热烈的掌声中，梁启超将一方刻有"竺震旦"的印章赠送给泰戈尔。

梁启超说,他给泰戈尔起一个中国名字,是应泰戈尔的要求。泰戈尔为什么要提出这样的要求呢?

据梅兰芳回忆,泰戈尔在杭州时,有位中国朋友送给他一枚图章,上面刻有"泰戈尔"三个字,泰戈尔看了非常感动。依照印度的风俗,孩子降生后,有两件事最要紧:第一件是起名字;第二件是给他少许饭吃。泰戈尔看到这枚图章上刻着他中文的名字,头一个字便是泰山的"泰"字,他觉得"此后仿佛就有权利可以到中国人的心里去了解他们的生命,因为我的生命是非与中国人的生命拼作在一起不可了"。但是,这个图章刻的毕竟还是他自己的印度名字"泰戈尔",能不能请中国朋友给他起个中国名字呢?于是,他把自己的愿望告诉了梁启超,这才有了这一场命名仪式。①

梁启超做了演讲后,由泰戈尔的弟子上台唱

---

① 梅兰芳:《忆泰戈尔》,《人民文学》1961年第5期。下文"二"参考了该文内容。

印度歌为泰戈尔祝寿。随后，泰戈尔登台致谢辞说："今天是我最高兴的日子，因为我有了象征中印民族团结友好的名字。我将不倦地从事中印文化的沟通。我诚恳地邀请中国学术界的朋友到印度，到我主办的国际大学讲学、研究。"

泰戈尔致辞结束后，祝寿会进入最后的高潮阶段，那就是新月社演出泰戈尔的英文短剧《齐德拉》。

演出开始之前，新月社别出心裁地为其做了一个广告。为解释"新月"的意蕴，由林徽因饰一古装少女，"服装特出心裁，奇美夺目"。新月社成员黄子美6岁的儿子则演一幼童，乖巧可爱。两人"恋望新月，宛如画图，全场鼓掌，叹未曾见"。这样的造型，既做了"新月"的广告，又烘托了接下来的演出气氛。其后，《齐德拉》正式上演。

从当年的媒体报道看，新月社的这场演出很成功。《晨报》对此夸赞道："林宗孟君须发半白，还有登台演剧的兴趣与勇气，真算难得。父女合演，空前美谈。第五幕爱神与春神谐谈，林徐的滑稽神态，有独到处。林女士态度音吐，并极佳妙。张歆海君做作，恰与相称，可谓双绝。"

林徽因一口流利的英语，"清脆柔媚，真像一个外国好女儿"。

这场演出，一直是中国文坛上经久不衰的话题。戏外之戏更精彩：林家父女同台演出，加上林徽因与徐志摩、梁思成之间的感情纠葛，徐志摩与陆小曼的公开亮相，更使得这场演出别具魅力。

当然，对这场演出留下深刻印象的自然是老寿星泰戈尔，直到1941年，他已经卧床不起时，仍对自己在中国度过的这次生日念念不忘：

> 在我生日的水瓶里
>
> 从许多香客那里
>
> 我收集了圣水，这个我都记得。
>
> 有一次我去到中国，
>
> 那些我从前没有会到的人
>
> 把友好的标志点上我的前额
>
> 称我为自己人。
>
> 不知不觉中外客的服装卸落了，
>
> 内里那个永远显示一种
>
> 意外的欢乐联系的人出现了。
>
> 我取了一个中国名字，穿上中国衣服。
>
> 在我心中早就晓得

「兰震旦」，泰戈尔的中国过往　第六章

173

在那里我找到了朋友，我就在那里重生，
他带来了生命的奇妙。

在异乡开着不知名的花朵，
它们的名字是陌生的，异乡的土壤是
它们的祖国。
但是在灵魂的欢乐的王国里
它们的亲属
却得了无碍的欢迎。

二　与梅兰芳切磋戏剧

为泰戈尔祝寿，是中国文化界的大事，文化名流都被邀请与会，其中就有京剧大师梅兰芳。

5月8日夜，观看话剧《齐德拉》时，梅兰芳就坐在泰戈尔身边。泰戈尔对梅兰芳说："我希望在离开北京之前，看到你的戏。"梅兰芳告诉泰戈尔，自己早已为他排演了一场戏："因为您的演讲日程已经排定，我定于5月19日请您看我新排的神话剧《洛神》，这个戏是根据我国古代诗人曹子建所做《洛神赋》改编的，希望得到您的指点。"

5月19日夜，梅兰芳在开明戏院专为泰戈尔演出一场《洛神》。泰戈尔特地穿了他创办国际大学时的红色长袍礼服莅临观看。演出结束后，泰戈尔亲自到后台向梅兰芳祝贺、道谢。

第二天，梁启超、梅兰芳为泰戈尔饯行。泰戈尔在颂扬梅兰芳精湛的表演艺术的同时，也对《川上之会》一场的布景提出诚恳的意见。他说："（《洛神》）这个美丽的神话诗剧，应该从各方面来体现伟大诗人的想象力，而现在的布景是一般而平凡的。"他建议："色彩宜用红、绿、黄、黑、紫等重色。应创作出人间不经见的奇峰、怪石、瑶草、琪花，并勾勒金银线框来烘托神话气氛。"

有人问泰戈尔："听说您对绘画、雕刻、歌唱、音乐无所不通，您观看了梅先生的演出后有何感想？"泰戈尔回答说："这就像外国人到我们印度，初次见到杧果，不敢说知道它的味道一样。"

梅兰芳不解其意，座中有一位熟知印度风俗的人解释说："杧果被视为印度的果中之王，吃杧果还有仪式，就像日本的茶道，宾主是有礼节的。泰戈尔用此来比喻，意思是说中国的音乐、歌唱很美，但初次接触，还不能细辨滋味。"

尽管如此，泰戈尔还是对中国的京剧有着浓厚的兴趣，他握着梅兰芳的手说："我希望你带了剧团到印度来，使印度观众有机会欣赏你的优

175

美艺术。"

　　梁启超希望泰戈尔留下诗作。泰戈尔即席用孟加拉文赋诗一首，亲自译成英文，还兴致勃勃地念给在座的人听。此后，他用中国笔墨手书在一把纨扇上，送给梅兰芳。诗作的中文翻译为：

> 亲爱的，你用我不懂的
> 语言的面纱
> 遮盖着你的容颜；
> 正像那遥望如同一脉
> 缥缈的云霞
> 被水雾笼罩着的峰峦。

　　梅兰芳后来也写了一首诗，追忆与泰戈尔的这段难忘的友谊。诗中云：

> 中印金兰谊，
> 绵延千年久。
> 交流文化勤，
> 义是团结取。
> 泰翁早烛照，
> 正气堪不朽。

三　与末代皇帝溥仪会晤

4月27日，讲学社对外公布的泰戈尔当天的日程安排是游览故宫。实际上，只有少数人知道，今天泰戈尔游览故宫的一项重要安排，是与已经退位但仍然住在故宫的清代皇帝溥仪会晤。

溥仪是中国末代皇帝，被知识界视为保守、复古的象征，而泰戈尔来到北京后，也被一些知识界人士认为是复古的代表人物。在后面的叙述中，读者可以看到，泰戈尔受到过这些人的攻击。如果公开表示泰戈尔要去与溥仪会面，那无疑会给攻击者留下复古、颂古的最好注脚，授人以口实。因此，此行是秘密的，一直到泰戈尔离开中国后也未见诸报端。

泰戈尔与溥仪的会面是由溥仪的老师庄士敦安排的。

庄士敦是苏格兰人，原名雷纳尔德·约翰·弗莱明，"庄士敦"是他到中国以后给自己起的中国名字。1894 年，庄士敦毕业于爱丁堡大学，后进入牛津大学玛格得林学院攻读东方古典文学和历史，获硕士学位。1898 年他考入英国殖民部，以东方见习生的名义被派往香港，在立法局任文书，不久被提升为辅政司助理、港督私人秘书，后调到英租界威海卫主管华务司的工作。

在这期间，他用大量时间刻苦学习儒、释、

道的经典著作，游历了大半个中国，瞻仰名山古刹，拜访高僧宿儒，了解中国的民情和文化，对中国的诗词有较高的造诣。他特别推崇儒学和佛学，认为只有坚持佛教和儒家的思想才能维系中国的原始风貌，他不仅在治理威海卫的民政事务中贯彻这种思想，甚至为此放弃了自己的天主教信仰，从而被他的英国同胞视为异类。他能说一口流利的广东潮州话和北京官话，是一名真正的中国通。

1919 年 2 月 22 日，庄士敦被聘请为溥仪的老师，教授英文、数学、西方历史、博物、地理等知识。直到 1924 年 11 月溥仪被冯玉祥赶出紫禁城，他才不再担任溥仪的老师。

泰戈尔来京后，游览故宫当然是必需的日程安排。但当庄士敦与他见面后，话题更多的却是神秘的宫廷生活，以及自己的皇帝学生溥仪等。于是，庄士敦建议他游览故宫并与溥仪会面。泰戈尔答应了。庄士敦转而又向溥仪介绍泰戈尔，并展示了一些泰戈尔的英文和中译本诗作，请求溥仪答应与泰戈尔会面。溥仪立即答允了他的请求。

溥仪时年 18 岁，正值青春躁动时节，虽然是逊帝身份，但与普通人一样，诗歌也是他宣泄情绪的陪伴。其实，少年时代的溥仪就醉心于诗歌创作。这大概与他身居禁宫有关，当然也与受到乾隆、康熙等先代皇帝的诗作启发有关。

15岁时，溥仪就模仿刘禹锡的《陋室铭》，创作了《三希堂偶铭》，用笔名投稿，竟然被上海的《遗经》杂志刊用。受到鼓励的溥仪投稿热情一发不可收拾。但是除了这篇《三希堂偶铭》之外，几乎全部石沉大海。直到1922年，溥仪以"邓炯麟"为笔名投稿的三首古体诗才被上海的一家小报《游戏日报》采用。不过，这三首诗作并非溥仪原创，而是抄袭明代一位诗人的"伪作"——这一点他在自传《我的前半生》中自曝出来，但当年《游戏日报》的编辑们被蒙在鼓里，还曾一度到处打听这位名叫"邓炯麟"的诗人到底是何方神圣。

泰戈尔16岁时，也干过"托古作伪"的事情，他创作过《帕努辛赫诗抄》，也把编辑和读者蒙在鼓里。这样说来，两人相见也算是有一点渊源了。

4月27日，泰戈尔由徐志摩和林徽因陪同，在庄士敦的引导下，从神武门进入紫禁城。他们先参观了紫禁城的后半部，皇宫那气势恢宏的建筑、富丽堂皇的装饰与陈设，让泰戈尔深感震惊。然后，泰戈尔来到紫禁城的后宫御花园与溥仪见面。

会面的地点选在御花园西南部的养性斋——这是一座凹形的两层楼阁，明代时称为乐志斋，清顺治年才改名为养性斋。

陪同会见的庄士敦在一本有关中国的回忆录《紫禁城的黄昏》中，详细记述了泰戈尔入宫的过程：

从这天早上起，末代皇帝的内务府大臣郑孝胥一直在心里闷着一个葫芦，因为这天一大早，皇帝忽然降下一道手谕，令他今天暂不要离开内务府。郑孝胥莫名其妙，但又不好直接问为什么这样做。虽然皇帝的神威已不像以前那样使人噤若寒蝉，可余威总还是在的，所以郑只好待在府里待命。当宫里的大钟敲响十下时，泰戈尔及其随员恩厚之、鲍斯、诺格、沈教授及徐志摩等乘一辆汽车出现在神武门口。早有宫人在门口等候，一见泰戈尔到了，赶忙把他们引入宫内，转了一个弯又一个弯，一直往御花园方向走去，而溥仪此时正身着便服在御花园等着他们。听说泰戈尔已经到了，他马上让人把郑孝胥召来，至此郑孝胥才明白溥仪为什么一大早就把自己留在宫里。不过辛苦自有辛苦的报酬，作为内务大臣，郑孝胥还从来没有到过御花园，这次因沾泰戈尔的光，终于平生第一遭到里面一游。他先接待了泰戈尔一行，随后领着他们去觐见溥仪。

当泰戈尔一行出现在御花园门口时，溥仪一见大喜，先举左手给泰戈尔让座，并用右手按郑孝胥的肩膀，示意他也坐下。待泰戈尔坐下，溥仪对他说："先生为印度大诗人，郑孝胥则吾国之大诗人，今日相遇于此，实不易得之机会，吾先为两大诗人留影以为纪念。"说完溥仪站起来，让人为两位诗人照相。照完相，泰戈尔对郑孝胥说："君为中国大诗人，亦解英文否？"郑孝胥用英语回答说："吾所知者甚浅。"随后溥仪开始用英语与泰戈尔交谈起来，说得还算流畅。之后溥仪亲自做向导，领着泰戈尔游览御花园。泰戈尔一边走，一边赞不绝口，为中国园林的优美和富丽而折服。大致游览之后，泰戈尔就和溥仪告辞，随后与随从一起步行到神武门口，乘车而去。

泰戈尔此行，留下了珍贵的照片。在庄士敦的书中，我们看到了泰戈尔与溥仪的合影、泰戈尔与郑孝胥的合影以及 12 人的合影。而在故宫图书馆里还保存着泰戈尔的一张素描画像的照片，右下方有外文题款，但字迹模糊不清，显然是外国画家的作品，再下方写着英文"北京"和"1924"。这张翻拍素描画像可能是泰戈尔与溥仪见面时当面赠送留念的，溥仪将此作为纪念品留下来，便存放于宫中。

据说，这次会面后，溥仪常常吟诵泰戈尔这首诗：

> 如果所有人都害怕而离开了你，
> 那么，你，一个不幸的人，
> 就敞开心扉，孤军前进！
> 如果无人在狂风暴雨的茫茫黑夜里
> 高举火把，
> 那么，你，一个不幸的人，
> 让痛苦点燃你心中的明灯，
> 让它成为你唯一的光明。

"诗言志"，联想到溥仪退位后身居禁宫、无依无靠的境况，他喜欢这首诗也是给自己一点励志的正能量，希望借此冲淡一些心中碎碎念的孤独惆怅吧。

四　遭遇尴尬

5月9日上午，泰戈尔应讲学社邀请，在真光影戏院做了题为"余之革命精神"的演讲。他简单介绍了自己青年时代在孟加拉从事文学革命运动的经过。他说："余虽年老，但是余并非一腐朽时代精神之代表，余之革命的精神，犹如昼夜不息之流水。余不为不知老之将至，抑且自视为一活泼之幼童焉。"

泰戈尔在演讲开始前讲了这样一段类似自我表白和辩解的话，实际上大有深意。

泰戈尔来中国访问，收获的不全是掌声，不全是赞美，也有反对的声音，甚至有比较激烈的责骂。

为什么会这样呢？

自五四运动之后，中国学界和思想界实际上分裂成为两个比较大的派别："西化派"和"国粹派"。至于这两个派别的主张，从名字上很容易了解清楚。五四运动发轫时，扛起的是"德先

"芝震旦"，泰戈尔的中国过往　第六章

183

生"和"赛先生"两面大旗，而这两位先生都是从西方来的。用西方的科学和民主壮威，达到"打倒孔家店"的目的。但也有一些人，墨守着中国的传统文化，对来自西方的文明抱着一种抵制的态度。"西化派"和"国粹派"由此产生，楚河汉界，阵线分明。虽然后来不同阵营的人物转到对立的立场上去的现象也有，但是，这个阵线依然存在，而且争论不休。

泰戈尔访华期间，恰逢这两个派别的新一轮东西文化论战开战。论战的双方，也的确有借国际名流来华访问之机，以名流的观点为自己摇旗呐喊的现象。因此，论战的两派对于彼此邀请的国际名流倡导什么样的文化价值观都十分在意，甚至对邀请方的主观动机也非常敏感。

从另一方面来看，当年中国正处于一个非常时期，国内军阀割据，国家的统一还停留在名义上；国外列强，尤其是日本，虎视眈眈。就国内知识界的总体情绪而言——这里当然也有党派政治的参与，自救和救亡是他们关注的主题。所谓"自救"，就是要丢掉几千年专制历史的包袱，反专制、反传统是知识界大合唱的主旋律；所谓"救亡"，还是延续着"以夷治夷"的老思维，向西方学习。

在这种情况下，讲学社邀请泰戈尔访华，便成为知识界关注的焦点。而泰戈尔的总体观点则是推崇东方传统文化，批评西方现代文化。因此，他的访华就引起了"西化派"的警惕，招致批评势所必然。

实际上，从1923年10月泰戈尔确定他的访华计划起，反对的呼声就开始在中国媒体上出现。有资料显示，"围攻"的组织者是当时的中共领导人陈独秀。

1923年10月，当泰戈尔访华的消息传开后，陈独秀在《中国青年》第二期上发表《我们为什么欢迎泰谷儿?》一文，文称：

> 此时出版界很时髦的翻译泰谷儿的著作，我们不知道有什么意义! 欢迎他的艺术吗? 无论如何好的文艺品，译成外国文便失去了价值，即使译得十分美妙，也只是译者技术上的价值，完全和原作无关。欢迎他著作的内容及思想吗? 像那样根本的反对物质文明科学与之混乱思想，我们的老庄书昏乱的程度比他还高，又何必辛辛苦苦的另外来翻译泰谷儿?

　　昏乱的老庄思想，加上昏乱的佛教思想，我们已经够受了，已经感印度人之赐不少了，现在不必又加上泰谷儿了。

　　4月9日，即泰戈尔到达上海的前三天，陈独秀分别给胡适、吴稚晖等发出约稿函，要求他们写出批评泰戈尔的文章，又紧锣密鼓地为《中国青年》组织"批泰戈尔专号"，要给泰戈尔一个"下马威"。

　　陈独秀则写出《泰戈尔与东方文化》一文，他说泰戈尔"乃是一个极端排斥西方文化，极端崇拜东方文化的人"，他把泰戈尔所提倡的"复活的东洋思想亚洲文化"归结为"把中国人——亚洲人拖回'尊君抑民，尊男抑女''知足常乐，能忍自安''轻物质而重心灵'的东方伦理极妙世界中去，倒退回孔子的时代去"。陈独秀厉声批判道："请不必多放萋言乱我思想界！"他不无讽刺地说："泰戈尔！谢谢你罢，中国老少人妖已经多得不得了呵！"此文成为《中国青年》"批泰戈尔专号"的头篇文章。

　　在陈独秀的号召下，五四新文化运动的许多骨干人物，包括一些左翼作家纷纷撰文，加入到反对泰戈尔的行列。郭沫若否定泰戈尔的哲学可使东方民族起死回生；吴稚晖讽刺泰戈尔所提倡的主张是把融合了大小乘佛教的诗篇，贴在城墙上抵抗敌人的机关枪；林语堂则讽刺泰戈尔是因为暗杀、革命、宪法改革都干不了，或不想干，于是才采取最无聊的精神安慰法；瞿秋白则尖锐地指出泰戈尔要东方人对侵略者施以"慈爱宽恕"的"东方文明"的危害，认为泰戈尔"应当鼓励奴隶和平民的积极、勇进、反抗、兴奋的精神，使他们亲密友爱的团结起来，颠覆资本主义的国家制度"；沈泽民则认为泰戈尔提出的"人类第三世界"的理论"可谓迷恋骸骨，与中国现在一般国粹派，毫无二致。这种思想若传播开来，适足以助长今日中国守旧派的气焰，而是中国青年思想上的大敌"。

也许，泰戈尔对中国知识界的情况多少有一点了解，所以，他一到上海便说"余只是一诗人"，把自己定位在一个作家的身份。可是，这个"诗人"在演讲中偏偏谈诗很少，谈论东西文化则很多。他在上海以及北上北京的路上，一路做了多次演讲，自称是前来向中国的古文化行敬礼的进香人，批评上海已经被工业主义和物质主义所害。诗人重精神轻物质，宣扬东方精神文明

187

的玄妙，主张以爱对抗暴力的思想。这些观点在"西化派"眼里，是迂腐不堪的陈词滥调。而且，泰戈尔在华期间，被"西化派"视为"国粹派"的梁启超、徐志摩、张君劢等人随伺左右，他自己俨然就是梁启超等人搬来的"救兵"，激进的陈独秀等人掀起新一轮攻击和责难，也就不足为奇了。吴稚晖以唯我独尊的口气，请泰戈尔用封条将"尊口"封起来；陈独秀竟说"泰戈尔是个什么东西"。对泰戈尔的批判，如同当年打倒孔家店一样，毫不留情。[①]

泰戈尔不懂中文，也许对陈独秀等人的批评并不了解，但他演讲中所遭遇到的则是实实在在的体会。

泰戈尔在南京演讲时，当演说进入尾声的时候，有青年当场散发传单，严厉批评泰戈尔，甚至声称要将老人赶紧送回国去。

到北京后，在泰戈尔的演讲过程中也常常有这样的小插曲。就在 5 月 9 日演讲当天，会场中就有人拿着传单，扰乱会场秩序。

---

①参见杨天石：《陈独秀组织对泰戈尔的围攻——近世名人未刊函电过眼录》，《百年潮》2003 年第 8 期。

感受到这种不受欢迎的情绪，泰戈尔希望做一些表白，以便得到更多人的理解。所以，他才在 5 月 9 日的演讲开始时，为自己说了一些辩解的话。

泰戈尔是 64 岁的老人，虽然他一向温和，但在演讲过程中常常出现的尴尬让老人也有了脾气。他本来在北京要做 6 场演讲，但没想到第一次公开演讲时就有人散发传单要撵他走，使得宾主都很难堪。所以，他实际上只讲了 3 场，另外 3 场则以身体不适为由，推辞掉了。

面对这种情况，国内知识界也有人表示不满。主持邀请泰戈尔访华的梁启超，则在公开场合谴责了这种缺少礼仪的行为。但因为泰戈尔是他邀请来的，而他又被视为"国粹派"的代表人物，所以他的话并不具影响力。倒是另一位自由派知识分子胡适，为泰戈尔说了许多公道话。

其实，胡适对泰戈尔的观点并不赞同，虽然从泰戈尔来京后，胡适的名字就常常出现在有关欢迎泰戈尔的新闻报道中，但那只是作为文化名流的应酬而已。在泰戈尔遭遇尴尬后，胡适以自由主义者的身份，觉得应该替泰戈尔说几句公道话。

5 月 10 日上午，泰戈尔在真光影戏院对北京青年学生进行第二次公开演讲。在正式演讲前，胡适主动登上讲台讲话。他说："外国对于泰戈尔，有取反对态度者，余于此不能无言。余以为对于泰戈尔之赞成或反对，均不成问题，唯无论赞成或反对，均需先了解泰戈尔，乃能发生重大之意义，若并未了解泰戈尔而遽加反对，则大不可。""泰戈尔为印度最伟大之人物，自12岁起，即以阪格耳之方言为诗，求文学革命之成功，历50年而不改其志。今阪格耳之方言，已经泰氏之努力，而成为世界的文学，其革命的精神，实有足为吾青年取法者，故吾人对于其他方面纵不满足于泰戈尔，而于文学革命一段，亦当取法于泰戈尔。"

　　针对反对者认为泰戈尔是研究系主持的讲学社请来的，研究系因在"科玄论战"中战败，才请泰戈尔来替他们争气的看法，胡适"很感觉不快"。他以"科玄论战"参战人的资格指出："这话是没有事实的根据的。去年玄学科学的论战起于4月中旬，而泰戈尔的代表恩厚之君到北京也在4月中旬，那时北京大学因为种种的困难不能担任招待泰戈尔的事，所以恩厚之君才同讲学社接洽，我于4月21日南下，那时泰氏来华的事，已接洽略有头绪了。我也是去年参加玄学科学论战的一个人，我可以说，泰戈尔来华的决心定于这个论战未发生之前；他的代表来接洽，也在这个论战刚开始的时候。我以参战人的资格，不能不替我的玄学朋友们说一句公道话。第二，传单中说'激言厉色要送他走'。这种不容忍的态度是野蛮的国家对付言论思想的态度。我们一面要争自由，一面却不许别人有言论的自由，这是什么道理？假使我因为不赞成你的主张，也就'激言厉色要送你走'，你是不是要说我野蛮？主张尽管不同，辩论尽管激烈，但若因为主张不同而就生出不容忍的态度或竟取不容忍的手段，那就是自己打自己的嘴巴，自己取消鼓吹自由的资格。自由的真基础是对于对方的主张的容忍与敬意。况且泰戈尔先生的人格是应该受我们的敬意的。他的文学革命的精神，他的农村教育的牺牲，他的农村合作的运动，都应该使我们表示敬意。即不论这些，即单就他个人的人格而论，他的慈祥的容貌，人道主义的精神，也就应该使他受我们的十分的敬意了。"

胡适晚年回忆说："他的思想（即泰戈尔）所以不大受欢迎，是因为那时的中国思想背景已不能接受他的思想。当时在他讲演场散发传单的，那是有政治作用的，更不用说了。"①

胡适是"西化派"的代表人物，在东西文化问题上，他与梁启超、梁漱溟、张君劢等有过数次针锋相对的交锋；但泰戈尔应梁启超的讲学社之邀访华时，他不落井下石，相反，倒是与梁启超相唱和，并亲自出面为泰戈尔和自己的"玄学朋友们"辩护，实在难得。

5月20日，泰戈尔前往山西，与阎锡山会面后返回北京。27日，在北京的诘难声中，他离开北京，返回上海，准备从这里返程回国。

5月29日黄昏，泰戈尔回到慕而鸣路37号张君劢宅。依然是热情的鲜花、热情的欢迎掌声，但泰戈尔的心情已经带上了些许忧郁。这忧郁，显露在他于上海的最后一次讲演——《告别辞》中："你们一部分的国人曾经担着忧心，怕我从印度带来提倡精神生活的传染毒症，怕我动摇你们崇拜金钱与物质的强悍的信仰。我现在可以吩咐曾经担忧的诸君，我是绝对不会存心与他们作对，我没有力量来阻碍他们健旺进步的前

---

① 参见史云波、董德福：《胡适与泰戈尔访华》,《安徽史学》2005年第1期。

程，我没有本领可以阻止你们奔赴贸利的闹市。"
语气间带有一丝轻微的嘲讽和深深的遗憾。他还
说："我一向总是在我的心里踌躇究竟中国是否
像我意想所构成的中国，我也踌躇究竟我能否深
入这民族的心曲。那天我的心里很是不自在，因
为在你们看来我是从一个神秘的地域来的，我又
负有一个过于浮夸的名誉，因此你们对于我的盼
望也许不免有不切实在的地方。"还是一副容纳、
容忍的和蔼态度。

在场的徐志摩后来说："他的声调我记得，
和缓中带踌躇，仿佛是他不能畅快地倾吐他的积
愫，但他又不能不婉转地烘托出他的不完全愉快
的心曲与感念，他的笑容，除非我是神经过敏，
不仅有勉强的痕迹，有时看来是眼泪的替身。"

徐志摩与泰戈尔

要勾勒出泰戈尔访华期间的作为，有一个人
不能忽视，此人就是在前面多次出现过的徐志摩。
现在，我们就说说这一老一少两位诗人的友情。

在泰戈尔来华前，徐志摩俨然是泰戈尔的中
国使者。在做好迎接泰戈尔的各项准备工作的同
时，他把宣传泰戈尔视为己任，在报刊上发表一

系列的文章，如《泰戈尔来华》《泰山日出》《泰戈尔来华的确期》《泰谷尔来信》《泰谷尔最近消息》《泰戈尔》，等等，表达他对泰戈尔的仰慕之情。他用诗画般的语言描绘这种心情："现在他快到中国来了，在他青年的崇拜者听了，不消说，当然是最可喜的消息，他们不仅天天竖耳企踵的在盼望，就是他们梦里的颜色，我猜想，也一定多增了几分妩媚。"

为什么会有这种热切的心情？徐志摩说："我们所以加倍的欢迎泰戈尔来华，因为他那高超和谐的人格，可以给我们不可计量的慰安，可以开发我们原来淤塞的心灵源泉，可以指示我们努力的方向与标准，可以纠正现代狂放恣纵的反常行为，可以摩挲我们想见古人的忧心，可以消平我们过渡时期张皇的意义，可以使我们扩大同情与爱心，可以引导我们入完全的梦境。"

他把泰戈尔与泰山日出相提并论，想象着这位东方巨人光临世界时的壮观景象："一方的异彩，揭去了满天的睡意，唤醒了四隅的明霞——光明的神驹在热奋地驰骋……歌唱呀，赞美呀，这是东方之复活，这是光明的胜利。"

诗人的语言很夸张，但这是诗人的特色。可

是，在反对泰戈尔来华的人眼里，这是诗人的痴狂。夸张也罢，痴狂也罢，总之是表达了徐志摩崇敬的心情。

4 月 12 日一早，徐志摩和各界人士就在码头迎接泰戈尔。两人一见如故，此后，泰戈尔在中国近 50 天的行程里，他一直陪同。

泰戈尔的随行人员埃尔赫斯回忆道："我们从上海坐船逆流而上去南京，途中在一个明亮的月夜，他们俩并肩而坐，畅谈他们年轻时在英国所欣赏的那些诗人的作品以及世界文坛的情况。"徐志摩"作为一个富于想象力的译员和陪同，他和泰戈尔建立了友谊"。而这位老诗人也很喜欢徐志摩，把他视为亲人，并给他起了个印度名"索西玛"；徐志摩也亲切地称他为"老戈爹"。

徐志摩曾这样评价泰戈尔此行："他这次来华，不为游历，不为政治，更不为私人的利益，他熬着高年，冒着病体，抛弃自身的事业，备尝行旅的辛苦，他究竟为的是什么？他为的只是一点看不见的情感。说远一点，他的使命是在修补中国与印度两民族间中断千余年的桥梁。说近一点，他只想感召我们青年真挚的同情。因为他是信仰生命的，他是尊崇青年的，他是歌颂青春与

「生震旦」，泰戈尔的中国过往　第六章

清晨的，他永远指点着前途的光明。"

1924年5月底，泰戈尔取道日本回国。按照中国"十八相送"的礼节，徐志摩陪伴泰戈尔来到东瀛。告别之际，徐志摩问泰翁有没有落下什么东西，老人说出了那句著名的话："我把心落在中国了。"

泰戈尔归国后，把出版的《在中国的讲演》一书送给徐志摩。他在题词中写道："献给我的朋友索西玛（徐志摩），由于他的周到照料，使我得以结识伟大的中国人民。"

1929年3月，泰戈尔借道上海去美国和日本讲学，第二次来到了上海。也许是上次来访给他留下了诸多不愉快的记忆，也许他就是借此来与他的"索西玛"叙旧，他推辞了在沪印人为他提供的"高厅大厦"，一定要住在徐家。他告诉徐志摩，这只是朋友间的私访，行踪一定要保密，请不要通知媒体，更不要有任何的欢迎和演讲安排。

此时，徐志摩结束了与林徽因的感情纠葛，与陆小曼新婚不久，住在福煦路913号（今延安中路四明村）。这里，当年居住着一大批文化名人，如今成为上海著名的"文化名人小区"。在小区悬挂的一块名牌上，我们可以看到曾居住在这里的徐志摩、章太炎、来楚生、胡蝶等文化人的名字，泰戈尔的名字也赫然在内。他的著名诗句"世界用图画同我说话，我的灵魂答之以音乐"，"树就像大地的渴望，它们都踮起脚尖向天窥望"，也镌刻在名牌上。

得知泰戈尔要住在家里，主妇陆小曼对自己的房子"东看看也不合意，西看看也不称心"，深恐怠慢了这位国际著名诗人。可是，既然泰戈尔不嫌弃，夫妇俩也只好"硬着头皮去接了再说"。为此，细心、精致的陆小曼，还专门给泰戈尔布置了带有印度印记的卧房。但泰戈尔到来后，对徐家的环境非常满意，只是要求不住在他们特意布置的那一间"印度房"，要睡在他们的"那顶有红帐子的床"上。

泰戈尔在徐家住了3天，一老两小3个"顽童"快快乐乐地过起了日子。泰戈尔很少外出，只在徐家与志摩夫妇谈诗，还专门为陆小曼朗诵了几首新诗。后来陆小曼在《泰戈尔在我家》一文中写道，陪伴泰戈尔聊天、作诗，有"说不出的愉快""虽然住的时间并不长，可是我们三人的感情因此而更加亲热了"。

离别之时，诗人欣然动笔为他的"索西玛"

留下远看像山、近看像老者的自画像，并附诗一首。诗云："山峰盼望他能变成一只小鸟，放下他那沉默的重担。"

这年 6 月，泰戈尔访欧归来，心绪郁烦，到上海后再次住进了徐志摩的家里。这一年，诗人 68 岁。回国前，泰戈尔拿出一件紫红色丝织印度长袍，深情地说："我老了，恐怕以后再也不能到中国来了，这件衣服就留给你们做纪念吧。"

徐志摩送泰戈尔上船，看着老人的身影慢慢远去，心头涌上了"轻轻的我走了，正如我轻轻的来"那两句诗，不是《再别康桥》的为赋新词强说愁，而是实实在在感受到了莫名的惆怅。

泰戈尔回国后，一直与徐志摩书信往来不断。两年后，徐志摩辗转欧洲到印度，专程出席泰戈尔七十大寿仪式，并约定 80 岁再来为他庆祝。

可是，在泰戈尔 80 岁寿诞上再也没能见到徐志摩的身影，他这位中国儿子竟然先他而去，去了天堂。替徐志摩，也为那份深厚的情谊，陆小曼提笔写下《泰戈尔在我家》，算是给远方的诗人送去一份寿礼。

第七章
"我把心落在中国了"

"有教无类"的国际大学

"我把心落在中国了。"

这是 1924 年 5 月底泰戈尔对前去日本相送的徐志摩说的一句充满深情的话。

这位老人在中国的访问虽然遭遇过尴尬，但他对中国人的感情没有减弱，反而加强了。他记着梁启超在欢迎他的演讲中所说的话："我盼望我们两家久断复续的爱情，并不是泰戈尔一两个月游历昙花一现便了。我们老弟兄对于全人类的责任大着哩。我们应该合作互助的日子长着哩。"

中国和印度同为世界文明古国，睦邻关系可以用"天造地设"来形容，两个国家的经济、文化交流也源远流长。著名的"丝绸之路"就是沟

199

通两国的陆上纽带，那匹沿着这条路孤独前行的印度白马，把印度的佛经遗落在洛阳，"白马寺"留下了中印往来的痕迹；而著名的唐朝僧人玄奘西行取经的故事，因为一部《西游记》将中印的文化互动深入民间，此后，家喻户晓的明代郑和七下西洋的故事，尤其是郑和下西洋后开辟的"海上丝绸之路"，成为两国海路交通的纽带——现今"一带一路"的发展战略，与这两条路有很大的关系。

但是，从 19 世纪开始，英国帝国主义先后入侵印度和中国，两国部分沦为英属殖民地，两国的经济、文化交流中断了，进入了一个空白期。泰戈尔 1924 年访华，使两国"久断复续的爱情"延伸。他以国际大学为平台，开展中印之间的文化、教育互访活动，担当起架设中印友好桥梁的责任，掀开了中印文化交流的崭新篇章。

国际大学的前身，就是建立于 1901 年的"婆罗门书院"，地处农村圣地尼克坦，是泰戈尔少年时期随父亲"大仙"第一次出游的地方。

前面说过，泰戈尔对英国殖民地下的殖民主义教育有过切身体会。他认为，英国人的教育机械，缺乏想象力，不仅是压抑人的、不自然的，而且也不符合印度国情。从更深的意义来认识，这种奴化教育立足于私利，是极端的实用主义。因此，泰戈尔从小就对这种教育方法进行反抗，14 岁就退学了。随着年龄的增长，泰戈尔对英国殖民统治有了更深的理解，并加入到从全国掀起的反殖民统治的抗争中。

泰戈尔抗争的方式之一，就是创办自己的学校，摆脱殖民主义的奴化教育，传承本民族文化传统。"婆罗门书院"就是这样创办起来的。

"婆罗门书院"创办之初，泰戈尔确立的办学宗旨是："把精神从一切桎梏中解放出来，为祖国求独立而斗争，才不致软弱无力。乞助于人，从未受益；自助之人，才能有救。"这就是说，他不相信殖民化的教育能够培养出拯救祖国的人才，要培养一代爱国青年，必须要了解祖国的文化传统、教育传统。

从学校的组织和结构看，"婆罗门书院"脱胎于印度古代的森林学校。所谓"森林学校"，类似于中国孔子的杏树下设坛教学，学生们也是在树下上课。孔子只能在杏树下讲课，而印度是亚热带气候，榕树是最普遍的树种，巨藤缠绕，垂枝生根，绿荫如盖，形成自然的墙垣。一棵榕树就是一个自然院落，相互独立的间隔，一个院落就可以成为一个课堂。黑板挂在树干上，男女学生成半月形分坐两边，膝盖就是课桌。

泰戈尔的优美诗篇中，有很多是对大自然的歌颂，他歌颂自然界的和谐，进而崇尚世界万物的和谐。在他眼里，那些司空见惯的自然现象，譬如朝露和晚霞、繁星和朗月，都可以使学生受到陶冶和锻炼。所以，他借鉴了印度古代森林学校的传统，把他的学校建在了景色宜人的大自然的怀抱里。

"有教无类"，是孔子杏坛下确立的招生原则，泰戈尔也是智者，他的想法和孔子不谋而合。所以，他的学校不分宗教和种族，不论民族和穷富，不分男女都可入学。孔子的"有教无类"还把女生排除在外，泰戈尔则认为要解放妇女、打破男尊女卑的传统，应先从受教育开始，他主张男女平等。

遥想印度当年严格的宗教与种姓歧视、男女隔离居住的社会习俗，说泰戈尔此举惊世骇俗，是开风气之先的大胆举动，并不为过。

既然是开风气之先，就要忍受世人的冷眼。学校开学之初，仅仅有 5 名学生。泰戈尔的性格是坚韧的，他要等人们觉悟，他可以一直等到人们的理解。几年过后，当地的民众慢慢把眼光投向了学校，每当看到这位大胡子的中年人在学校里忙碌的身影，他们就觉得，把孩子交给他是对的。于是，学生陆续多了起来，校园里也愈发欣欣向荣。国内外教育工作者也把关注的目光转向这里，开始研究这种办学方式的得失。

泰戈尔设立这所学校，花的是家族的钱，甚至是妻子变卖首饰所得，他举步维艰，但一往无前。1913 年，泰戈尔获得诺贝尔奖后，把所有的奖金都投入到学校，才改变了此前经费捉襟见肘的局面，学校的规模也进一步扩大了。

泰戈尔 14 岁退学，没有文凭，他这所学校毕业时也不发文凭。如果他与某些官方机构合作办学，是可以给学生发学历证书的。可是，还有什么比一个没有文凭的人可以荣膺诺贝尔奖的事实，更让人相信文凭的不重要性呢？他摘取诺奖桂冠后，英国政府赠予他爵位，他拒绝接受。这些行为本身，难道还不足以证实他向学生的宣示——"没有异国统治政府盖过印戳的文凭，也能报效祖国"——是正确的吗？度过了最初几年的艰苦办学生涯后，慢慢地，学生们相信他，当地民众相信他，他的学校兴旺起来了。

泰戈尔是具有世界眼光的。1920—1921 年，泰戈尔到欧洲游学，亲身体会到了第一次世界大战之后欧洲的凋落，以及因战争散落下的不同国家、民族之间的仇视。他想起了印度第二次民族解放运动中强烈的爱国排外倾向，这种盲目排外的情绪给国与国之间、民族与民族之间也增加了盲目的、不理性的仇视。

这些现象让泰戈尔深思，他认为人类应该有一个相互沟通的"东西方会合"的平台，这个平台可以促使人们丢掉仇视，只容纳爱。他希望自己能够创建这样一个平台，让世界充满爱。于是，他萌生了在这所学校的基础上创建一所国际大学的愿望。经过几番努力与多方筹备，1921 年 12 月 22 日，国际大学宣告成立，泰戈尔任校长。

泰戈尔把学校的梵文名改为"Visva—Bharati"，翻译为中文就是"世界文化教育中心"。他用一句古老的梵语作为校训——"世界相会在一个鸟巢中"，他要把国际大学办成东西文化的交流平台。

国际大学主要分为学校部、大学部与研究部这三大部。学校部分初、高两部，类似于我国的初中和高中。大学部也分前、后两级，修业年限各两年，前级相当于大学预科，后级才进入大学课程。不过，前、后级的课程设置都是三项：（1）随意研究无试验科目，前级设文明史、普通艺术、普通科学等；后级设文化史、主要近代思想、普通文学与艺术等。（2）必修试验科目，前级设梵文、孟加拉文或其他印度文字、英文、伦理、数理等；后级设任一种语言文学、印度古文化、印度哲学与宗教、普通哲学、普通历史学、经济学、语言学等。（3）选修科目，设希腊文、拉丁文、印度方言等。大学部有主任一人，负责教学管理，每科均有固定教授。研究部有主任一人，没有固定的教授，学生学习也没有固定的科目与年限，哲学、文学、艺术、佛学、梵文、巴利以及其他各种学术文字等，喜欢研究什么便可选择擅长此门学问的人一同研究。要研究几门学问，可根据时间和精力安排，自由支配。

除了上述三大部之外，还设有女子部。女生平时上课都与男生一样，在这里只是为女生练习女工、家政并住宿等而专门设置的。1922年，学校在距离圣地尼克坦3公里外设农村重建所，帮助农民进行乡村建设。当然，重建所本身也是一个实验基地，培训织工、木工，种植蔬菜，以及养活禽等，这里也成为国际大学师生粮食和蔬菜的供应基地，可谓一举两得。

国际大学的一大特色，与孔子所提倡的"教学相长"很接近。"教学相长"是说老师和学生共同进步，泰戈尔则是"学学"也可以"相长"，学生之间可以互相当老师，如中国学生初学梵文则由印度学生教，印度学生学中文则由中国学生教。

国际大学的办学理念，从招生来说，依然秉持着"有教无类"的原则，不分宗教种姓，不分贫富贵贱；就教育方式来说，刻意有别于机械教条的官办大学，而是注重"自然的启发，自然的陶养与自然的感化"。对单一考试制度的评价学生方式，泰戈尔不予采用。国际大学没有学生考试，但要求学生按照课本的进度写论文。每学期的四五篇论文，是评估学生学习成绩的重要标准。国际大学在泰戈尔主持时期，学生毕业不发文凭。

在那时，印度处于英属殖民地下，英语是印度的官方语言，学校教育也强制使用英语进行教学。但泰戈尔固执地认为教学内容要反映出本民族的历史文化传统，同时要接地气，要与实际生活相联系，做到"学有所用"。所以，他极力提倡用本民族的语言讲授课程，认为外语学习唯以母语文化为根基才有意义。

用本民族的语言讲授课程，首先面临的是教材问题，这是没有前例可循的。所以，国际大学一般没有现成的课本或教材，只能靠教授自己编写讲义，学生听讲则做笔记。比如，当时印度各大学的历史课本都是英国学者编撰的牛津印度史。泰戈尔极力主张："自己民族的历史，犹如自己个人的日记，必须自己来写，才能真实而亲切，从而得到自尊、鼓励和希望。"

泰戈尔身体力行，每隔一周或两周会对全校师生做一次演讲，内容一般是他的有关文学或哲学的新作，偶尔也涉及政治方面的内容。所以，学生可以时刻感受到浓厚的学术气息与文化氛围。

针对英国人在印度开办的学校完全忽视了美的教育的弊端，国际大学把唱歌、绘画和表演都作为课程的一部分。泰戈尔创作的诗篇里面，音乐、绘画、舞蹈都以不同的方式呈现着，增加了诗作的写意、浪漫和哲理，他认为，现实生活中，这些元素也是完美的教育不可缺少的成分。他说："完美的表达，即充实的生活在很大程度上，不可能单单在说话这一种语言中找到自己的表达方式，必须寻求别的语言——线条与色彩，声音与动作。"学校设立了两个话剧团，一个是"泰戈尔剧团"，专演他创作的戏剧，一个是"莎士比亚剧团"，专演莎翁的作品，校园里到处都能看到他们排演的身影。

印度每年有好几个节日，这些节日成为国际大学的师生展现才艺最好的布景。每逢节日来临，学友必有丰富多彩的活动。师生欢聚一堂，先是演奏泰戈尔亲自写的校歌，然后是静默祷告3分钟，接着，泰戈尔在袅袅的民族音乐声中用孟加拉语致辞。集会过后，各种才艺开始展示，林间有成群结队的歌舞，球场上有各种比赛，图书馆前与礼堂内有节目繁多的表演，热闹非凡。

值得浓重地写上一笔的是，在国际大学创办之初，泰戈尔就把目光投向了中国。他说，他自己办学的"这个理想，没有中国人士的帮助和合作，是绝对不能完成的"。他聘请一位法国汉学家，专门设立了一个中国系，以促进对中国文化的研究，平时自己也常去那里听课。

泰戈尔曾说，国际大学"是运载我一生中的头等货物的航船"，是"我的一篇用手摸得着的诗"。而这里也是中印关系新的码头，中国的文化元素也装载在这艘"头等货物的航船"中，中国学者也能来这里"摸"到泰戈尔的诗篇。

推动中印双方共同筹建中印学会

1924年，泰戈尔访问中国时，就曾向蔡元培等提出建议，希望派遣中国学生到国际大学来学习，但是，由于种种原因，泰戈尔的希望一直没有实现。

泰戈尔是一个有希望就要实现的倔强的人，他希望在他的学校看到中国人的身影，不仅是要让更多的中国人感受到他"落在中国"的那颗心的温热，更重要的是，他固执地认为，中印两个文化大国文化交流的复续必须从一点一滴做起，他的学校中有中国的学生或者老师，才是开始。

1927年，泰戈尔赴新加坡访问时，遇到在那里任教的中国学者谭云山。机会终于来了。

谭云山出身于长沙望族，1915年考入湖南省立第一师范学校。他积极参加进步活动，加入毛泽东等创建的新民学会和文化书社，并组织了文学团体"新文学社"，编辑《新文学》周刊。1919

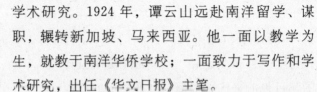

年从"一师"毕业后，他进入长沙船山学社从事学术研究。1924年，谭云山远赴南洋留学、谋职，辗转新加坡、马来西亚。他一面以教学为生，就教于南洋华侨学校；一面致力于写作和学术研究，出任《华文日报》主笔。

1924年，泰戈尔应邀访华时，作为文学青年，谭云山对泰戈尔在华活动的报道及演讲词进行了仔细阅读。至于泰戈尔的诗作，他更是熟悉。所以，他与泰戈尔初次见面，虽然有着年龄、地位和国籍的差异，但交谈之后，泰戈尔对他不仅没有陌生感，反而有老朋友相遇的感觉。

当泰戈尔得知谭云山精心学佛，热爱印度文化时，他眼睛一亮：这不就是我要找的人吗？

1928年9月3日，谭云山自新加坡首次赴印度，到圣地尼可坦的国际大学开设中文班，教授印度学者。至此，国际大学的中国系终于名副其实。谭云山后来也成为中印近代文化交流的先驱。

聘请到一位中国学者，泰戈尔便开始实施中印文化交流规划。他与谭云山反复沟通，拟订出一个切实可行的计划。这个计划本着"从大处着眼，从小处入手"的方针，第一，多招几个中国

210

学者来印度；第二，在国际大学特别设立中国学院；第三，多介绍几个学者去中国；第四，在中国方面特别办一个学院。此外，泰戈尔希望能够成立促进中印交流的文化机构——中印学会。

上述规划是泰戈尔酝酿已久的。在他看来，什么是"交流"，交流就是双方互动，只有彼此都参与进来，才能实现这种互动。如何互动？最首要的是搭建平台。他要在国际大学设立中国学院并要求中方也能够设立一个特别学院，是一个平台；他特别提议成立"中印学会"，也是一个平台。

幸运的是，泰戈尔的倡议得到了中方积极的回应。

1931 年，受泰戈尔委托，谭云山带着"计划书"回国。他向当时的国民政府汇报这份"计划书"后，国民政府接受了泰戈尔的倡议，决定中国方面由戴季陶、蔡元培等牵头组织。

戴季陶的身份是国民政府委员、考试院院长，既有官方背景，又是学者身份。他认为，搭建中印文化交流的平台，对两国的政治、经济和工商业都有好处，但是考虑到中、印、英三国的关系，为避免产生政治上的纠纷，他主张把这个

211

平台严格限制在文化范畴之内，尤其是偏重于宗教文化，不涉及政治。

蔡元培是著名学者，时任国民政府中央研究院院长。他一直关注印度哲学在中国文化上所产生的影响，关注佛教文化对两国文化的渗透。他的早期著作《中国伦理学史》中就专门谈到"印度的佛教流入"问题。出任北京大学校长时，他又在中国大学里第一个设置"印度哲学"课，并请梁漱溟讲授《印度哲学概论》。

泰戈尔在中国时，曾就国际大学的创办与这位教育家进行过商讨。蔡元培也亲身感受到了泰戈尔对中印文化交流的巨大热情。看到谭云山带来的"计划书"后，蔡元培答应帮助推进组织派遣留学生、筹建中印学会等相关工作。

1933 年 12 月，蔡元培派遣魏风江赴国际大学学习印度历史、文学，成为泰戈尔所说的"一二百年来到印度的第一个中国学生"。

魏风江的到来，让泰戈尔倍感惊喜。有了老师谭云山，有了学生魏风江，虽然仅仅两个，用现在的话来说，已经"取得了阶段性成果"——泰戈尔已经看到了他推进中印文化交流的前景。

不久，又一个"阶段性成果"让泰戈尔高兴。

1933 年初，蔡元培在南京发起筹备中国方面的中印学会，6 月出版了《中印学会：计划、总章、缘起》的小册子，确定该会的宗旨是：联系并沟通中印两国文化，增进两国友谊，并为世界和平及人类友爱而努力。

两个"阶段性成果"，让泰戈尔看到了中方的积极呼应。他兴奋地在国际大学校园内走来走去，他要选校园内最好的地方来表达他对中方的热情。

1934 年 5 月，在泰戈尔的推动下，印度的中印学会在国际大学内宣告成立，由泰戈尔任主席，并确定了中印学会的宗旨：联结两大文明，交流文化，促进友谊，最后为世界和平和人类友好做出一番贡献。

中印学会挂牌后，泰戈尔立即让谭云山回国，向蔡元培报告这一消息。为了表示郑重，他用英文给蔡元培写了一封信，信中说："我愉快地邀请中印学会把我在圣地尼克坦的大学用作它在印度的活动中心。我希望我的朋友热情欢迎这个学会，并慷慨地帮助我的朋友谭云山教授实现这一计划，建立一个便利中印文化交流的永久性机构。"

读到信后，蔡元培明白，这是泰戈尔在敦促

第七章「我把心落在中国了」

213

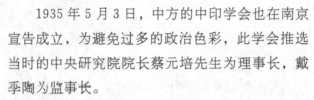

中方加快速度。

1935 年 5 月 3 日，中方的中印学会也在南京宣告成立，为避免过多的政治色彩，此学会推选当时的中央研究院院长蔡元培先生为理事长，戴季陶为监事长。

中印学会是第一个从事中印文化交流的正式组织，有许多知名人士加入学会。印度共和国最早的三位总统普拉沙德、拉达克里希南和侯赛因都曾是中印学会会员。我国印度学泰斗季羡林也是会员，印度政府于 2008 年向他颁发了国家荣誉"莲花奖"。

创办国际大学中国学院

泰戈尔在给蔡元培的信里，说到的"建立一个便利中印文化交流的永久性机构"，是指在国际大学创办中国学院。这项计划在谭云山与泰戈尔拟订的"计划书"里已经存在了。

双方成立中印学会，达到了互动；但对于文化交流而言，最重要的是互学——学习彼此的文化，这也是泰戈尔创办中国学院的初衷。

泰戈尔创办国际大学，没有得到印度以及英国方面的资助，全凭私家资产。为此，他希望能够向中国政府有关人员"化缘",在中国获得资金的支持。

1934年4月18日,泰戈尔写信给戴季陶说:"中印两国在过去曾经很接近,今天,我们有责任把我们自己从数世纪的相互冷淡中拯救出来,并且以我们最好的东西相互奉献给彼此的将来。"

关于中国学院的筹建,他在信中写道:"一个扎实的开端就是兴建一座大厦,叫作'中国大厦',专供贵国的学生和学者住宿,以便和我们合作致力于文化复兴。需要的费用,包括大厦的维持费,大约为3万卢比。当然,如果计划考虑到中印学会的运作,包括奖学金和教授们的薪酬以及一个像样的图书馆,其费用就会不少于3.5万英镑。这具体的预算都是本校办公室去年寄去给谭云山教授的。不过,当作一个谨慎的开始,开始得越早越好。应该先把大厦建起,这样今后的更宏伟的事业就会有一可靠的基础。"

泰戈尔所说的"预算",包括四个部分:第一,建造中国学院,包括一个大厅、一间阅览室、一间厨房和12间客房,总共需费用3万卢比印币(合3.3万法币);第二,中国学院将设立基金,数目是12万卢比(合13.2万法币),供聘用两位教授（一位为中国文化讲座教授，另一位为中国佛教讲座教授）之用（月薪 250 卢比）；第三，中国学院将设立奖学金，分甲、乙两级，甲级奖学金每月 100 卢比，乙级奖学金每月 50 卢比，每级共 4 名，设立 8 名奖学金的基金将需 14.44 万卢比（合 15.8 万法币）；第四，中国学院将设图书馆，书籍由各方捐赠。

看到上面预算中精细的账目表，有谁能够想到这出自一个获得过诺贝尔文学奖的世界级诗人之手？在人们看来，诗人是不食人间烟火的。泰戈尔沉浸在创作中的时候，的确是这样的境界。但是，为了搭建中印交流的平台，他翩然地从天上走向人间，干起了账房先生的事情。对于他对中印文化交流的热情，还需要我们喋喋不休地着墨吗？

中国方面当然能够体会到泰戈尔的一片真情，故做出了积极的回应。

时任国民政府最高领导人的蒋介石看到这个"计划书"后，表态支持，对泰戈尔宣传中国文化的思想表示敬意。1935 年 5 月 3 日，中国的中印学会成立那天，蒋介石个人捐款 5 万元，3 万元用于在印度国际大学建筑中国图书馆之用，2

万元用于"购置、编录及运输图书"。蒋介石的支持，带动了一批人。当年的文化界名流徐悲鸿、太虚法师等纷纷捐款。

蔡元培的支持比较特别：从1936年4月起，蔡元培从自己主持的中央研究院经费中按月汇出200元，支持在中国学院开设中国文化的讲座，作为谭云山在印讲学的津贴。

从1934年10月到1935年8月，不到一年的时间内，泰戈尔那份账目就一笔一笔地填满了。

泰戈尔早已选好了校园内一处最为优美的地方，建造教学楼中最大的楼作为中国学院大厦。他又仔细审定了建设规划图，要求施工方务必在最短的时间内完成。

此后，国际大学的学生突然发现，在校园里碰到这位校长的机会多了起来：你想找校长吗？那你就每天去中国学院大厦的建筑工地等！印度外地来的学生和学者，来学校第一件事，就是想一睹这位诺贝尔奖获得者的风采。学校的教师和学生会说："你去中国学院大厦的建筑工地，准能找到他。"

在泰戈尔的亲自督导下，中国学院大厦工程建设进展顺利。

1936 年 10 月，泰戈尔致信蔡元培说："中国学院大厦，经此间人士精心规划，进展迅速。竣工以后，中国学院将择期举行成立典礼，届时应请拨冗前来，主持盛典为盼。"

蔡元培在 12 月给泰戈尔回信，对中国学院大厦的顺利建设表示祝贺，但因患严重的伤寒症，无法远涉重洋赴会，他委托谭云山作为"我个人及我国人民之代表，参加这一有历史意义的盛典"。

为了给筹建中的中国学院再添砖加瓦，1937 年 1 月 12 日，蔡元培与戴季陶联名在全国发出倡议，请求全国的书法名家捐赠书法绘画作品，用以支持中国学院的经费；请求全国的学者和出版商捐赠图书，以丰富中国学院的藏书。同年 3 月，年已七旬的蔡元培又将中国学院的宗旨写在横幅上，寄给泰戈尔征求意见。

1937 年春，中国学院在国际大学校园内落成，这是一栋中西合璧的建筑，加进了中国和印度的文化元素。国民政府主席林森的题字"中国学院"镌刻在学院门口。大楼的内墙顶上，中国学院首任院长谭云山题写了办学宗旨："研究中印学术，讲诵中印文化，融洽中印感情，联合中印民族，创造人类和平，促进世界大同。"

"开张大吉"不仅是中国人的传统习俗，也是印度古老的民间文化的内容之一。为庆祝中国学院成立，在中国大厦举行隆重的揭幕仪式是必不可少的。泰戈尔把揭幕仪式定在4月14日，这一天是孟加拉新年第一天。万象更新的第一天，预示着中国学院的美好未来。

　　为了使揭幕仪式更加隆重、庄严，泰戈尔希望邀请一位印度著名人士来参加。他首先想到了他的老朋友，在印度享有崇高威望的圣雄甘地，可是甘地的日程已定，不能更改；他便改请另一位著名人物——印度国大党主席尼赫鲁前来，尼赫鲁高兴地答应了。不料，到了开幕式前一天，尼赫鲁突然发高烧，不能前来。为了表示郑重，他让女儿英迪拉连夜坐火车去圣地尼克坦，代表他出席开幕式。尼赫鲁后来成为印度总理，他对中国学院的建立给予了高度评价。后来他只要有机会去圣地尼克坦，就会去看看中国学院，和院长谭云山聊一聊，表明他对中国学院的高度赞赏。

　　1937年4月14日，印度国际大学中国学院正式揭幕。富有民族特色的开幕式隆重热烈，载歌载舞，鼓乐齐鸣。泰戈尔从外地请来了众多贵宾，在座的除了谭云山、魏风江外，还有加尔各答中国领事馆官员和不少印度华侨领袖。

泰戈尔做了热情洋溢的讲话。他说："这的确，对我来说，是一个伟大的日子，是我盼望了很久很久的。我现在可以代表我国人民履行我们历史遗留下来的承诺，承诺在我国人民和中国人民之间保持那1800年前早已奠基的文化，友好往来。"

他用诗人的激情憧憬着未来："今天揭幕的这个大厦，将会变成两国之间与时俱增的更大了解的核心与象征。中国的学生们和学者们将会来到这儿居住，变成我们的一部分，分享我们的生活方式，也让我们分享他们的生活方式，他们对我们共同的事业贡献精力，帮助我们逐渐重建两国之间可惜已经中断了10个世纪、但收获丰硕的相互交往的伟大过程。"

中国学院建立后，中国政要和学者，诸如蒋介石、宋美龄、戴季陶、徐志摩、徐悲鸿、陶行知、张大千、常任侠、金克木、郑振铎、周而复等，都曾到中国学院访问或做学术演讲。泰戈尔对中国来的客人十分热情，"我们荣幸地和你们欢聚，作为你们的东道主，作为你们的兄弟和挚友。

让我们常来常往，我邀请你们，一如你们邀请我"。

1941 年 8 月，泰戈尔辞世后，中国学院作为中印交流的平台，依然发挥着重要作用。印度独立后，于 1951 年通过议案，宣布国际大学为中央大学，历任校长都由印度总理兼任，印度国家领导人对国际大学的重视于此可见一斑。

中国政府领导人出访印度，常常要到国际大学中国学院来参观。1957 年 1 月 30 日，在中国学院创建 20 周年即将来临的日子，时任中国总理的周恩来借访问印度的机会，来到国际大学中国学院参观。他在热情洋溢的致辞中，赞扬泰戈尔是"憎恨黑暗、争取光明的伟大印度人民的杰出代表""中国人民永远不能忘记泰戈尔对他们的热爱"，并代表中国政府捐赠图书。

2010 年 12 月 15 日，时任中国总理的温家宝在访印期间，也来到中国学院与师生进行交流，称泰戈尔是"中国人民的好朋友"。[①]

中国学院至今仍是印度国际大学唯一有名有

---

①参见曾小翠、李雪平：《泰戈尔与印度国际大学》，《集美大学学报》2015 年第 5 期；宁军：《泰戈尔筹建中国学院始末》，《文史精华》2006 年第 4 期。

实的外国语学院，每年培养近百名中文系本科生与研究生，成为交流中印文化、传播中国文化的根据地。虽然泰戈尔已经归隐，但他的精神依然在学校飘荡。进入这里学习的中国学生，依然可以感受到一代大师泰戈尔对中国人民和中国文化的友好感情。

支持中国人民的抗日战争

既然把"心落在中国了"，中国的一切事情也都装在泰戈尔的心里。

在泰戈尔与中国方面筹划成立中印学会和筹建中国学院之际，正是中国人民开始伟大的抗日战争之时。他以鲜明的态度谴责日本侵略者，支持中国人民的抗日战争。

1936年4月12日，加尔各答举行反侵略集会，泰戈尔特意让中国学院院长谭云山和中国留学生魏风江坐在主席台上，他的身边。泰戈尔在会上发表讲话，他正告日本军国主义者：正义在中国人民一边，英勇的中国人民已经奋起，与敌人进行殊死搏斗，最终一定会取得胜利。他鼓励印度人民行动起来，分担中国兄弟的苦难，并与中国兄弟并肩战斗，打败侵略者。他最后说：

"在我身边，坐着几位中国的儿女，他们亲自听见了，他们亲自看见了，我们印度人民，分担着他们的苦难，我们将与中国兄弟并肩战斗，击败侵略者。"当泰戈尔把他们介绍给集会群众时，谭云山和魏风江都站了起来，台下一片高呼："印度！中国！"谭、魏双手合掌，向来自异域的支持表示感谢。

1937年秋，泰戈尔染病卧床，蔡元培、戴季陶等人联名发来慰问电。据一直陪伴在身边的谭云山回忆，在众多慰问电中，泰戈尔康复后发出的第一封电报便是给蔡元培等人的，他对中国人民的英勇抗战表示钦佩。电文说："贵国人民此次对于所加于贵伟大和平国土之非法无理之侵略，作英雄勇武之抵抗，余已不胜钦敬，并且祷阁下等之胜利。余之同情及余国人之同情，实完全寄予贵国。愿正义与人道，由阁下等之凯旋，得以维持。"

泰戈尔是世界上有影响的文化使者，他的言论是世界各大新闻机构争相追逐的对象。他发表支持中国抗战的每一次讲话、每一份通电，都会在中国的媒体上醒目出现。所以，在那时的中国，普通民众或许没有读过他的诗作，但都能从他的讲话和电文中感受到一份温暖、一种支持。

日本侵略者也感受到泰戈尔不可忽视的分量，他的每一次反日讲话、每一份反日通电，都让日本当局恐慌，他们要封住这位老人的正义之门。

1938年7月23日，曾访问过国际大学的日本人野口米次郎致信泰戈尔，为侵华日军的暴行辩护，称"印度何以要同情中国而反对日本？日本之所以征伐中国，只是要警戒中国的政府，以拯救中国的人民与文化"。泰戈尔一方面为一个文人如此堕落感到伤心，一方面毫不留情地回信进行驳斥："要知道中国是个不可征服的国家，日本今日之所行所为，只得自食其恶果。"

一计不成再使二计，日本人设法买通了一个亡命日本的印度人拉什伯里·波斯，让他以所有旅日商人、学生及侨民的名义从日本给泰戈尔发了一封电报，请求泰戈尔不要发表反日言论，并设法劝阻印度国大党及尼赫鲁氏不要有反日举动。

泰戈尔立即写信予以驳斥："今日一个国家侵略另一个国家，其罪过犹不仅在其所怀抱之帝国主义者的野心，而尤在其对于人类之不分皂白地屠杀，比任何瘟魔为更甚。如果全世界的被侵害的良心皆大声疾呼，以反对此种罪过；我何人斯，而可以消弭这种正大的抗议？"这封通电发表后，很快传到中国，给了中国人民一种精神上的支持。

在精神上给予中国支持的同时，泰戈尔为了救济战争中受苦的中国学生和难民，在印度发起了募捐活动，并率先捐出 500 卢比。他还和国际大学的师生一起在印度各地义务演出，为中国抗战募捐。

1939 年 11 月，泰戈尔邀请著名画家徐悲鸿到中国学院讲学。徐悲鸿迫切希望利用画展筹得善款，以支持祖国的受难民众，泰戈尔给予了强有力的支持。在画展筹备工作接近尾声的时候，泰戈尔不顾年高体衰，前往观看，还亲自为画展写了前言："美的语言是人类共同的语言，而其音调毕竟是多种多样的。中国艺术大师徐悲鸿在有韵律的线条和色彩中，为我们提供一个在记忆中已消失的远古景象，而无损于他自己经验里所具有的地方色彩和独特风格。"他说："我欢迎这次徐悲鸿绘画展览，我尽情地欣赏了这些绘画，我确信我们的艺术爱好者将从这些绘画中得到丰富的灵感。既然旨趣高奥的形象应由其本身来印证，多言是饶舌的，这样，我就升起谈话的帷幕，来引导观众走向一席难逢的盛宴。"

由于泰戈尔的鼎力支持和热情推介，徐悲鸿在圣地尼克坦的个人画展获得了很大成功。不久，徐悲鸿又将画展移到加尔各答举行。两次画展筹得的款项，全部捐给了正在战乱中的祖国。①

此时，泰戈尔已经进入古稀之年，离生命的终点还有不长一段距离。他拖着病体出席各种反日集会，他用他对中国的爱，慰藉着陷入战火的中国人民的心。他这颗"落在中国"的心，也和中国人民的心一起跳动着，直至他生命的终点。

①参见高其荣:《泰戈尔与中国抗日战争》,《文史杂志》2003 年第 3 期。

第八章
巨星陨落

与神灵的"同伴之谊"

1937 年，泰戈尔 76 岁了。这年秋天，他第一次感觉到身体的严重不适。

泰戈尔是一位心胸豁达的人，诗人的真挚与浪漫使他抛却了普通人为世俗所累的常态；在大自然里遨游，使他的脉搏一直与自然的韵律贴近，开阔了他的胸襟，增强了他的体魄；他所抱有的世界视角，使他成为一名与人和睦相融的人道主义者。这一切，决定了他的身体素质和身心健康要高于常人。

在那个年代，无论是科技发展水平，还是人们对身心健康要求的自我素养，都不能与今天相比，所以，能够健康地活到 60 岁以上，已经算是少数中的少数了。以泰戈尔家族而言，他同辈的哥哥姐姐以及朋友，活到 60 岁的也仅有几个。他的人生中的那位"纳莉妮"安娜和他的妻子，都不足 30 岁就撒手人寰，甚至他的孩子都有先于他离开人世的。所以，泰戈尔活到 76 岁，才发现身体有大的不适，已经是非常幸运了。这幸运，就来自于我们上面所说的因素。

泰戈尔这次发病没有任何征兆。9 月 10 日，他坐在床上休息的时候，突然失去了知觉，进入昏睡状态。两天两夜后，泰戈尔才在家人的呼唤声中悠悠醒来，仿佛做了一次梦中旅行。他看着一脸惊恐的孩子们，幽默地说："孩子们，死神把我从天国又送回来了。我第一次尝到了死亡的滋味，我蹑手蹑脚从天国的暗窟中溜了出来，我成了一名死神的使者。"

泰戈尔让孩子们把画笔和画板拿来，他认真地说，他要绘出自己濒临死亡的感觉。但画面却是：一座枝叶繁盛的森林，绿荫里洒满了道道金色的阳光。他对濒临死亡的描绘，与后来心理学家和生命科学家所得出的分析结果很相似：弥留之际的人们，大致会在一道白光中进入黑暗。不同的是，泰戈尔的生命色彩太浓，所以他感觉到的是金色的阳光穿透黑暗（绿荫）。

他把这种感觉写进了诗中：

> 在黑暗的无限秘密后面，
> 探照光明的世界被推出去了，
> 破坏者走了进来，
> 在不祥的寂静的盖幕之下，
> 在我存在的深处排演着修筑。
> ……

泰戈尔相信自己与宗教和神灵有着某种程度的契合，虽然他在许多场合说过，他的宗教是"一个诗人的宗教"或"一个艺术家的宗教""既不是一个正统的虔诚的人的宗教，也不是一个神学家的宗教"。但18岁的一次体验，使他相信，他与神灵有着"同伴之谊"。

18岁那年，他坐在榕树下，对着阳光插进来的金色，整理自己的思绪，忽然进入一种前所未有的亢奋状态，时间达4天之久。他曾多次谈到这第一次突如其来的宗教体验。他在一个瑰丽的早晨突然对自然、对宇宙产生了一种强烈的感觉。"我的意识在人类的超个人的世界中猝然扩张。"泰戈尔说，"在我回首那些岁月时，我似乎觉得，我曾经无意识地沿着自己的吠陀时代的远祖的道路前行，并得到使人联想到至为遥远的'彼岸'的热带天空的启示。正在聚积的乌云低垂着，满含着即将倾泻的雨水，风暴突然扫过，椰子树行猛烈晃动着，阳光炫目的夏日正午强烈的寂寞之感，秋晨带露的面纱后面静默的日出，所有这些奇观，一直使我的心灵，对一种无所不在的同伴之谊充满亲切之感。"所谓"同伴之谊"，指的就是诗人对神的存在感觉。

此后，泰戈尔便相信宇宙间一定存在着一种神秘的力量，主宰着宇宙与人类社会。他对于这一神秘力量有种种不同的称呼。他在宗教讲演中称之为"永恒的原人""至高无上的人""永生的人""伟大的人""最高实在""无限人格""无限""神人"。在许多场合，他直接用英文中的 God 来指称这一超自然的力量。

他对这一次昏睡的感觉描绘，与 18 岁时的那一次亢奋的体验，有着异曲同工之处。

1924 年，泰戈尔访华时曾做过《人的宗教》的演讲，他称老子为中国的伟大哲人，并引证了老子《道德经》中的五句话，其中一句是"死而不亡者寿"。想必经历过这次死亡的泰戈尔，又想起了中国先哲的这句话，他才能用幽默风趣的语言化解家人的担忧。

泰戈尔得病的消息被媒体披露出来。9月14日，蔡元培看到"中央社十二日哈瓦斯电"的消息后，立即联名中国文化界，发出了慰问电。病榻上的泰戈尔感受到了中国老朋友的温暖。他病好后，第一封复电即是给中国朋友的，并对中国的抗战表达了支持。

这次病后，泰戈尔才感觉到老之将至，他开始更多地回忆往事。他常常对陪伴他的人谈他缤纷的人生，谈他的中国之行，谈他那"用手摸到的诗"的国际大学。这一时期，他创作的主调也渐渐流入怀旧的风格。

也就是在这一时期，泰戈尔的脑海中常常想起融入他生命中的人。

譬如，有一段时间，他常常想起他的五嫂，那位对他的生命有着特殊意义的"纳莉妮"。有一次，他对前来看望的朋友说，他梦见了五嫂。此后，五嫂常常飘荡在他的思绪里，现身在他的梦中。随着生命之光的逐渐黯淡，他对五嫂的思念越来越强烈。

某天，他竟然问一位前来探望的朋友："你

有一个嫂子吗？如果一个人没有嫂子，他就缺少了生命的最主要的礼物之一。"

不需什么华丽的辞藻，思念之情跃然纸上。

"临终一天的太阳"

1940 年夏天，泰戈尔来到喜马拉雅山麓的小镇孟古普，并在这里度过了他 79 岁的生日。

为了给这位祖国的诗人庆生，孟古普小镇仿佛在庆祝一个盛大的节日。一大早，来自尼泊尔的高僧前来为他焚香祈福。傍晚，主持生日宴会的人邀请附近的居民一同参加，人们用鲜花装点宴会，表达对这位老者深深的爱。

9 月 26 日，泰戈尔再一次病倒了，发病的情形与三年前一样，也是突然失去了知觉。他立即被送往加尔各答医院治疗。在医生的精心治疗下，泰戈尔又一次当了"死神的使者"，醒过来了。但他既不能说话，也听不见别人说话，只是不停地流着热泪。泰戈尔的儿媳说："爸爸还是第一次这样流眼泪，因为老人非常坚强，无论生活多么艰难，他都从不流泪。显然，爸爸怕是有什么不祥的预感吧！"

但是，这位坚强的老人还是慢慢康复了。不

过，这一次，他不能像三年前那样动笔了；这一次，他永远失去了拿笔的机会。但他的心灵依然自由，他的创作思维依然活跃。他采取口述的方式继续创作。从卧病开始到生命终点，在不到10个月的时间里，他竟然口述创作了上百首诗。除此之外，他还创作了一些小说和歌曲。

在医院住了两个月，泰戈尔要求回到他的"和平之乡"圣地尼克坦，那里有他生命的里程碑——国际大学，这是他最牵挂的地方。

1941年4月14日，泰戈尔在国际大学做了他生命中的最后一次演讲——《文明的危机》。由于身体虚弱，演讲稿是别人代读的。此时，正值第二次世界大战如火如荼之际，诗人期盼和平的愿望依然很强烈："我希望一场毁灭之后，满天的愁云惨雾荡然无存，从红日东升的地平线，铺展洁净的历史新篇章。"

这是泰戈尔在这个世界上的最后一次演讲，也是这位自称"世界公民"的作家最后一次关注纷扰的世界。他期盼和平，但当和平来临时，他却不在了。

印度酷热的夏季到来了，这对泰戈尔身体的康复很不利，他的病情在慢慢恶化。医生决定把

巨星陨落　第八章

泰戈尔送到加尔各答进行手术治疗，但泰戈尔不愿打扰别人，希望在自己的家乡安静地离开。于是，7月25日，家人把他送回乔拉桑戈。

泰戈尔的病情牵动着当地居民的心。泰戈尔返乡的消息必须严格保密，如果泄露了车次和日期，铁路沿线各站就都会挤满向泰戈尔顶礼的群众，媒体记者必将沿路追捧，这样他在旅途中将不得安宁。泰戈尔的随行人员做了周密的安排：由火车站安排专列送他回乡，为了躲开媒体记者，专列比平常发车早；为了瞒住记者，车站谎称专列停靠在另一站台。

临行前，国际大学的师生和当地的居民聚集在他的住宅门口，为他送行，为他祈福。当汽车慢慢开出校园的时候，师生们唱起了校歌："啊，我们寂乡，他是我们心里的爱宠……"为校长送行。泰戈尔缓缓地从担架上侧身，流下了激动的泪水。

25日，泰戈尔回到家乡后，加尔各答医院的医生随即赶来，把一个房间改作治疗室。

26日，旅途的劳累消失，泰戈尔的精力略有恢复。早上喝了一杯咖啡后，他坐在椅子上，与侄子谈得很愉快。他回忆往事，着重谈了青年时代的一些事情。他的侄子做了记录，后来整理发表。在场的人看到他兴致勃勃的样子，很难想象他只剩下 10 多天的光阴了。

他的秘书留下的一份记录显示，此后几天，"他的病况基本相同，早晨相当清醒，心情好，对生活有兴致，要报纸看，谈论战争消息，特别关心苏联战场。中午以后，体温上升，烦躁，有时昏迷。他虽然喜欢有人在他身边，间或说说笑话，但是显然不怎么多讲话了"。

29 日傍晚，泰戈尔问主持手术的医生，手术过程中会有怎样的痛苦，希望医生能够如实告诉他。医生回答说："一点事儿也没有，我们只给您进行局部麻醉，您是在完全清醒的状态下，但是不知道在给您开膛破肚。我们在您的面前挂起一块布帘，您看不到残酷的医生的存在。您如果在手术进行时写诗，我们绝不会感觉惊诧。"

泰戈尔听后，幽默地说："要是不比写诗的痛苦更甚的话，那我早就准备好了。"

30 日，泰戈尔被推进了手术室。临手术前，他说："我要创作一首诗，请记录下来。"诗是这样写的：

　　出世那天的太阳问道：

"人世间新的降生者，

你是谁？"

没有回答。

时间一年年驶逝。

西方的海滩，

沉寂的黄昏，

临终一天的太阳

提出最后的问题：

"你究竟是谁？"

没有回答。

这是诗人的终极之问。诗人没有给出答案，但他知道，他已经靠近"临终一天的太阳"了。

1941 年 8 月 7 日 12 时 13 分，这位著名的诗人、社会活动家、哲学家、画家、戏剧家，离开了人世。

生如夏花，死如秋叶

泰戈尔是印度人，但他的遗产是属于世界的，他是世界的公众人物。泰戈尔去世的消息在媒体披露后，欧美一些国家的诗人纷纷发出唁电，悼念这位诺贝尔奖获得者。与泰戈尔有过密切接触的一些国家的文化和学术团体，纷纷进行公祭活动，悼念这位世界公民。

　　在印度，泰戈尔追悼会日，人如潮水，花如海洋。成千上万的人，同声唱着一首歌，为他送别：

　　　　　　前面是平静的海洋。

　　　　　　放下船去吧，舵手。

　　　　　　你们将是永久的伙伴。

　　　　　　把他抱在你的膝上吧！

　　　　　　在无穷的道路上

　　　　　　北极星将要放光。

　　　　　　自由的付与者，

　　　　　　你的饶恕，

　　　　　　你的仁慈，

　　　　　　在这永远的旅程上

　　　　　　将会是无尽的财富。

　　　　　　让尘世的牵累消灭吧，

　　　　　　让广大的宇宙把他抱在臂间，

　　　　　　让他在他无畏的心中

　　　　　　认识到这伟大的无名作者吧。

　　这首歌是泰戈尔在 1939 年 12 月创作的。这首歌在国际大学传唱后，他非常喜欢，并留下

237

话："希望在我离开人世之后为我演唱。"

国际大学的师生们记住了泰戈尔的嘱托。每年的8月7日，师生们都要演唱这首歌，追念他们的老校长。

泰戈尔去世的噩耗传到中国，一直关注着泰戈尔健康的中国文化界陷入深深的哀伤中。此时，抗日战争进入最艰苦的阶段，这位从精神和物质上支持抗战的老朋友的离去，使人们在哀伤中透着化悲痛为力量的激昂，成为振奋抗战精神的新动力。

8月8日，《新华日报》发表悼文，深情追忆了泰戈尔对中国抗战的同情和支持，使国人更多地了解他的事迹。

国内包括中印协会和东方文化协会等各种文化团体，纷纷致电泰戈尔的家属，表示哀悼。11月29日下午2时，由国立中央研究院、国立北平研究院、国立中央大学、国立西南联大、国立云南大学、中国哲学会、中印学会、中央文化运动委员会等机构领衔，为泰戈尔举行了隆重的公祭活动。

那时，重庆是中国的陪都，日军虽然没有占领重庆，但常常派飞机在空中袭扰。在时常响起的凄厉的防空警报声中，上述机关同心协力地为一位印度诗人筹办一场追悼会，足以载入史册。

泰戈尔曾说："我可能要死很多次，才能领悟生命是无穷无尽的。"其实，他生命的结束也是他在历史永恒的开始。中国人民对他的这份友谊的温暖，也融入这历史的永恒之中。

如果泰戈尔在天有灵，定会感念中国人在那样的艰难时刻为他所做的一切。他一定会用《飞鸟集》里那首隽永的小诗答谢："总有一天，我要在别的世界的晨光里对你唱道：'我以前在地球的光里，在人的爱里，已经见过你了。'"

泰戈尔在这个世界上停留了80年。80年生命的足迹，他像先知一般，早已有所预料，甚至是生与死的方式。如若不信，请读他那首著名的《生如夏花》：

一

我听见回声，来自山谷和心间
以寂寞的镰刀收割空旷的灵魂
不断地重复决绝，又重复幸福
终有绿洲摇曳在沙漠
我相信自己
生来如同璀璨的夏日之花

诗
与
和
平
——
泰
戈
尔
传

不凋不败，妖冶如火
承受心跳的负荷和呼吸的累赘
乐此不疲

二

我听见音乐，来自月光和胴体
辅极端的诱饵捕获缥缈的唯美
一生充盈着激烈，又充盈着纯然
总有回忆贯穿于世间
我相信自己
死时如同静美的秋日落叶
不盛不乱，姿态如烟
即便枯萎也保留丰肌清骨的傲然
玄之又玄

三

我听见爱情，我相信爱情
爱情是一潭挣扎的蓝藻
如同一阵凄微的风
穿过我失血的静脉
驻守岁月的信念

四

我相信一切能够听见

240

甚至预见离散，遇见另一个自己

而有些瞬间无法把握

任凭东走西顾，逝去的必然不返

请看我头置簪花，一路走来一路盛开

频频遗漏一些，又深陷风霜雨雪的感动

五

般若波罗蜜，一声一声

生如夏花，死如秋叶

还在乎拥有什么

"生来如同璀璨的夏日之花""一路走来一路盛开"，不就是泰戈尔一生的写照吗？他以一个诗人的身份，用他的作品连通了东西方的文化，并在诺贝尔文学奖定格。

"死时如同静美的秋日落叶""即便枯萎也保留丰肌清骨的傲然"。他给世界留下的那笔宝贵遗产，他的诗歌，他的小说，他的仁爱，他傲然的清骨，须臾未曾离开后人的视线。

他用一生诠释了这首诗：生如夏花之绚烂，死如秋叶之静美！

壮哉，泰戈尔！

N